Aesthetic Value

Trend Observation

Economic Analysis

Operating Domain

Further Development

施百俊 著

美學經濟密碼

deciphering aesthetic economics

Aesthetic Value **Creative Industry** Innovation Management
Business of Aesthetic Economy Customer Capitalism **Transience Novelty Diversity**
Icon Brand **Power Brand** Luxury Brand **Identity Brand** Explorer Brand

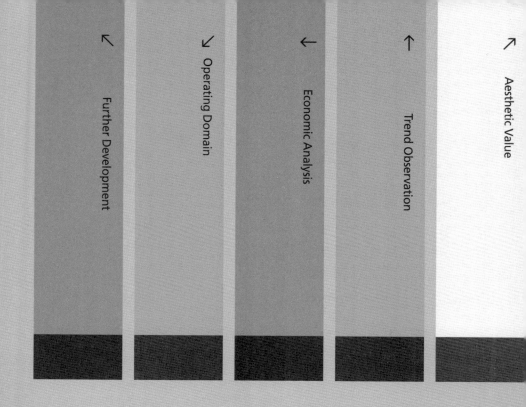

不論你是否做得到，
不論你夢想去做什麼，
儘管放手去做就對了。
勇氣之中自有天份，
力量之中自有神奇。
現在就開始吧！

——歌德

專文推薦

美學經濟，天呀！

王偉忠

美學經濟?!天呀！對一個南部老土的四年級生來說，這四個字太沉重了！我們長大的那個時代，升學主義強勒，所有美術課、工藝課、勞作課都被借用去上英文和數學，哪懂什麼「美學」，但是說也奇怪，那時的我就對這些偶爾上之的「非主流」課程特別有興趣。

長大成人之後，同學們頻頻出國留學，我留在台灣，接著進入電視圈，開始小賺其錢，再加上那時候的景氣大好又開放觀光，於是我開始周遊列國大開眼界，美學經驗也因此慢慢累積。直到今日，就算景氣衰退，我還是認為大到一個民族，小至個人的生活教育，美學概念都不能少而貧乏，否則不要說智慧型美學經濟發展不出來，就連整個成長環境都會乏善可陳。

在ＢＪ的這本書中，提到我做電視的創意行銷和美學經濟掛上了一點勾，其實我必須說，和世界先進影視工作者相比，我還差一大鼻子咧。

不過，有一點我可以自吹自擂一下，那是從小到大，我對任何至善、至美、至趣事物，仍然熱情洋溢，樂此不疲，所以我一定會繼續學習，就像我耐心、努力地看完這本書一樣。

敬祝各位讀者年安！

二〇〇九年，春假，一元復始的時候為序

（本文作者為知名製作人）

專文推薦

美，真的是一門好生意

劉叔慧

如果要票選這兩年最令人反感的字，「品味」會是我的前幾名首選……。品味，忽然變成了一種唾手可及的事物，誰都可以因為買了一件昂貴的名牌或家具或衣服、住了一間高價的飯店、買了一個有設計感的玩物，就馬上晉升品味階級。人們在擺脫飢寒的焦慮之後，轉而開始追求精神上、心靈上的更高愉悅，這個需求很快地被商人轉進為商機，於是，明明只是一瓶乳霜，因為加上了一個美麗的傳奇，就得賣出十倍的高價；明明只是一件普通的套裝，因為掛上了某名牌的Logo，就忽然變成品味和階級的保證。

溫世仁先生之前跟我們說過一個小故事：他曾跟一位瑞士的錶業鉅子碰面聊天，他很好奇地問對方，你們的錶到底成本多少？為什麼可以賣到這樣的天價？對方笑笑說，一點也不多呀，幾塊美金，可是我們花在把它定成如此天價的費用卻十分可觀。

也就是說，我們用了百倍價格所購買的一只錶，其實在功能的實用性上，大概就跟我們在夜市地攤買的石英錶沒啥兩樣，可是它所帶來的虛擬的愉悅，卻遠超過功能性的意義。

誠如本書作者施百俊所言，「美」確實是一門好生意。溫先生創辦明日工作室，退休後投身文化創意事業，也正是因為看到文化創意才是真正的商機所在。飢寒的滿足是有限的，可是精神上的愉悅追求卻是無限的。即使是在科技的本業上，溫先生都倡言「硬包軟」，亦即所有的硬體差異性只會愈來愈小，最後真正的決戰點，必然是軟體，硬體所能承載的服務、內容，才是未來電腦市場的決勝商機。

我們都明瞭這個道理——就像出版業永遠可以分析出暢銷書之所以暢銷的種種原因，不論是行銷面、創意面，甚至社經條件分析，但這些分析再怎麼頭頭是道，卻也沒辦法依此法則去複製暢銷書，即使可以複製，往往也只是炒作暢銷書的創意餘燼，沾點火光的溫暖。

正因為創意和美是如此難得，它才能創造龐大的附加價值。《海角七號》紅了，澤被多少演員和商家跟著翻身，成本和獲益一算計，投資報酬率高得嚇人。這麼好賺的生意，怎麼只有《海角七號》辦到了？能不能再來一次？我看即使是導演魏德聖都不一定有把握。

百俊敢寫這本《美學經濟密碼》膽子很大，他不但是個創意的生產者（寫小說），也是個創意的分析者（有商機就忍不住要分析），即使是他自己的創作，他也從不滿足於傳統曲高和寡的作家孤境，而堅持一定要有包裝和行銷，要寫就要紅，不然就不要出來搞。百俊參加溫世仁武俠小說百萬大賞，連比連贏，兩次參賽都拿下評審大獎，雖然還沒掄元，也算是破了大賽的紀錄。這個因緣讓我們變成作者和編輯的合作關係，也讓我多少對這個怪才有了一點認識，領教了他對寫作的熱情和固執，更佩服他對自己的挑戰和期許——一個從小是資優生的孩子，一路順遂地求學、創業，這樣的成功案例照理來說是很乏味的，可是他卻在他的順遂裡發展出一種獨特的叛逆、不服輸，這種頑固的熱情也感染了他的小說。

百俊也是做學問的人，創作之外，跟溫先生類似，他也好奇於事物背後的原理，總是試著找出問題，分析答案。溫先生說過，「所有的問題都有解答，所有的暴雨都有晴天。」雖然百俊和溫先生素未謀面，但我總想，如果溫先生來得及認識百俊，一定也會覺得這個小子很酷很不錯。

我對美學經濟完全沒有鑽研，充其量只是一個從業人員，但是百俊這本書卻能深入淺出，用極生活化的筆法試著把他的想法跟一般讀者分享，我除了佩服，也只能期待更多讀者跟我一樣喜歡這本書。

（本文作者為明日工作室副總兼主編）

作者序

美學經濟，賺錢又美麗！

當前景氣蕭條其來有自：二〇〇〇年先是 .com 科技泡沫化，一百元的股票跌到剩三元，不死也半條命。好不容易休養生息，經濟恢復元氣，到了二〇〇八年，房地產泡泡又破了，原本一千萬的房子貸了七百萬，不久房價卻跌到剩五百萬，房貸户拍拍屁股走人，銀行一家一家接著倒，開始一連串的金融危機——連破兩個大泡泡，失業倒閉裁員無薪假，人人覺得前景茫茫，黑暗無邊，找不到出口。

出口在哪裡呢？這時，我們想起了教科書裡的古老案例：兩個賣鞋的推銷員到了非洲，看見那裡的人都不穿鞋子。一個推銷員說：「這裡沒市場，人人都不穿鞋。」這是失敗者的想法，也是大多數人的想法。但另一個人卻說：「太好了，這裡人人都沒鞋，我有世界上最大的市場。」這是成功者的想法。套到當前的情勢上，失敗者的想法是：「泡泡破了，以後再也不要吹泡泡了。」成功者的想法卻是：「泡泡破了，大家合作再吹一個，然後顧好它，別讓它又破了。」

你是成功者還是失敗者呢？如果你抱持著失敗者的想法，那麼請把這本書放回架上，下面沒你的事了。

如果你有成功者的想法，那麼，恭喜你選對書了！接下來將要告訴你下一個泡泡是什麼？怎麼吹？而且愈吹愈大都不會破，還找來好多高手吹給你看——他們吹出來的泡泡不僅色彩繽紛，光豔美麗，而且個個能賣兩倍價錢！

賺錢又美麗，這就是「美學經濟」。

CONTENT

目錄

第二章 美學經濟的戰場

Chapter 2 Industries of Aesthetic Economics

周延地提出一個問題時，
問題就解決了一半。

——杜威（John Dewey）

前言

歡迎來到新世界

他們以為佔有財物就是幸福，抱著這種幻想沉湎享樂；然而，幸福只是行動的熱情與創造的滿足。那些人再不用自己去交換什麼，掠奪別人的糧食，還要精緻講究，即使有修養的人也只聽別人的詩歌而不寫自己的詩歌，享受綠洲而不建設綠洲，糟蹋別人提供的聖歌，把自個綁在馬槽邊，甘心當牲畜的角色。

——聖修伯里，《要塞》

為什麼要談美學經濟（Economy of Aesthetics）？

二〇〇八年初春，台灣社會最熱門的話題，是有關某種很會跑的動物、詐騙集團、王子復仇，以及九局下二出局輸三分能否打出滿貫全壘打……誰都知道，這種話題一扯開，吵吵鬧鬧，沒完沒了。大家互相抬槓，想辦法用最華麗又最狠毒的言語攻擊對方，還得裝出一副很有同情心的樣子。在那個決定國家關鍵性命運的週末夜晚，我們家族例行聚餐。由於成員顏色各半，形成恐怖平衡，誰也不敢輕啟戰端，因此有一位長輩就聊起 iPod 來。

那位長輩是屆退上班族，直到最近才搞清楚電腦病毒不會導致禽流感。「iPod 會不會很貴？」他問我，「昨天去廟裡聽老師父講經的時候，師兄師姐們人人都有一台，可以把師父的教訓錄起來，回家複習……」我這人個性不好，向來煞風景。我說：「iPod 很貴。如果去賣場，可以用不到一半的價錢買到功能差不多（播放、錄音、快轉、倒轉、選曲……）的 MP3 播放機。」我很了解，在座的爸爸媽媽們不分顏色，個個都是上班族和中產階級，在不遠的未來，他們即將成為M型社會中慢慢沒落，被踢到左邊下流社會的新貧階級，所以現在應當能省一元就一元，能省一千就一千。我詳細解釋了一番，長輩考慮了許久，最後還是決定要買 iPod——這個決定顯然不是出於「功能」與「價格」考量，也就是說，我們在商學院學到的促使消費者決策購買的心理因素，在此顯然不適用。

或許是 iPod 操作比較簡單？但再簡單還是得按播放鍵吧！事實上，各廠牌互相學習、模仿（或說抄襲）的結果，使得相關產品在操作上都算是容易的了。換句話說，並不是因為操作簡便、學習困難度低，他才決定要買 iPod。追問了半天，他總算坦承：「最重要的是，iPod 看起來**設計**比較好。」關於這點我沒話說。

「設計」，這是本書的第一個關鍵字。另外，別忘了，還有「兩倍價錢」。

才解決了第一個問題，接著我那讀國中的表弟問他媽媽，能不能買雙新球鞋給他？因為舊鞋才穿兩個月，鞋底已經快磨平了。他媽媽一口答應。由於鄉下學校只有水泥地板的籃球場，再加上十五歲青少年血氣方剛，鞋底能撐兩個月就算了不起了。高興之餘，我表弟特別要求要買那個勾勾牌的飛天鞋，只見他媽媽臉色一沉。

又是兩倍價錢！讓上班族爸媽膽戰心驚的兩倍價錢。勾勾牌的鞋真的比較炫嗎？別家廠牌也有很炫的鞋，氣墊還多兩倍。那它比較耐穿嗎？我想除非是鑽石鞋底，否則碰到水泥地板都沒轍。那麼，穿上它真的能像喬丹一樣飛起來，從罰球線起跳灌籃嗎？痴人說夢吧！然而，在能力範圍內，天底下沒有任何父母能夠拒絕孩子的要求。我想，隔天表弟將得到一雙飛天鞋。

原因應該很容易理解，我們都曾經年輕過，也都曾經少不經事。當別人穿了飛天鞋在我們面前過人上籃得分，我們不會覺得是自己的球技不夠好，而是輸在沒穿飛天鞋；當隊友全穿了那個品牌的飛天鞋，自己就更應該穿飛天鞋，不然怎麼算是同一國？

「品牌」，這是本書的第二個關鍵字。另外，別忘了，還有「兩倍價錢」。

酒足飯飽之後，男人退場去看電視，學習更高級的相罵技術。我對那方面的技術還算有自信，於是留下來參加婆婆媽媽團。大家講來講去，不外乎老公、小孩、機車主管、辦公室小人……精彩程度不遜於「全民亂講」。最後，她們討論起要去哪兒洗頭，這我更沒興趣了，正準備上樓打電動去，又聽到關鍵字——我媽說：

「阿鳳**服務**最好，下次找她。」

洗頭就洗頭，先把頭髮弄濕，再把洗髮精倒在頭上，東抓西抓，該抓的地方都抓一抓，然後沖水，不就結束了嗎？不，阿鳳，一個國中畢業就開始幫人洗頭的洗頭妹，可不這麼認為。據我媽表示，她的小店只有一張洗頭椅，但顧客卻很多，因此阿鳳訂下規矩，沒有電話預約者一律婉拒。而一年三百六十五天，除了過年，每天早上七點到晚上十點她都接受預約，方便因為工作或約會而時間受限的客人。一旦預約時間到了，阿鳳就會把門關上，專心只服務一位客人。她會視你到店裡的時間，決定該幫你先買好午餐便當，或是消夜燒仙草；她不會忘記你上次吹什麼髮型，還會與你分享最新流行的資訊；她記得你公司在哪裡和幹哪行的，也記得你的老闆有多爛，甚至會邊抓邊陪著你罵；當然，她也記得你兒子上次國語考一百，順手拿出抽屜裡的神奇寶貝貼紙送他當獎品……不知不覺你的頭已經洗好了，心情也很好。她收下兩倍價錢（其實也不過三百元）的洗頭費，附贈她親手做的蔥油餅小點心，告訴你下次再來。你騎著車，頂著美美的髮型，讓風拂過清爽的髮梢，心情輕鬆，回到家告訴婆婆媽媽，下次打電話找阿鳳。

如果你也住在台灣，也是和我一樣的小人物，更精確地說，你也是「即將消失」的中產階級，那麼這些場景你應該很熟悉。無論是**設計**、**品牌**、**服務**……或其他我還沒有談到的關鍵字，它們正無聲無息地滲透我們的生活，用兩倍價錢將我們已經很微薄的荷包壓得更扁。

這種兩倍價錢就是所謂的「美學（感）價值」（Aesthetic Value）。創造這個名詞的《紐約時報》專欄作家維吉尼亞．帕斯楚（Virginia Postrel）用「美感是生活必需，風格是銷售必要」來點出美感如何重塑商業行為、文化與個人價值。以往，談美、談享受、談奢華是上流社會的專利，但透過商業機制的作用，現在已經慢慢演進成下流社會也講究起這些美感價值。二十世紀初的美國經濟學者范伯倫（Thorstein Veblen）在其著名的《有閒階級論》（*The Theory of the Leisure Class*）一書中，提出了「消費示範效果」（Trickle Down Effects）：有錢人的生活與消費風格，會慢慢地向下跨越社會階級，由上流社會向下流社會傳達、滲透、感染（甚至是壓迫掠奪）。這樣的結果就是行銷專家潘蜜拉．丹席格（Pamela Danziger）所觀察到的，所有人都在追求「更好的體驗、更深的意義、更豐富的享樂、更深遠的感受」。李仁芳教授曾經舉了有趣的例子說明這個過程：「沖水式馬桶、骨瓷、汽車……等當年尚為高級技術的時髦發明品的最初購買者，也常是這些新技術發明藝匠的贊助人。士林故宮現藏的北宋汝窯天青瓷器，如果沒有當年的富裕階層北宋皇族的贊助，怎麼可能創造出來。沖水式馬桶的第一個裝設者，是在美國東岸富豪別墅聚集的紐波特會員制俱樂部內的圖書室中。」

東西愈來愈貴，薪水卻沒有變多，這還不打緊，重點是還不由得你不買！甚至，明明知道貴還是想買。放大眼光，換個角度來看，窮的人拚命花錢、拚命買，而富人拚命想辦法把東西賣得更貴，往窮人的口袋裡掏錢，還讓他們心甘情願，讓他們覺得很幸福，這不是很不可思議嗎？

再讀讀以下這些驚人的數字：財政部統計資料顯示，若將全國五百二十三萬戶所得資料分為二十等分，以二〇〇六年的綜合所得分析，金字塔頂端最高百分之五的平均綜合所得為四百萬元，最低百分之五者平均只有六萬八千多元，高低所得組相差五十八點六一倍，貧富差距創下歷史新高。儘管過去十年來，台灣的經濟成長率平均達百分之四以上，但底層民眾不僅未能分享到經濟成長的果實，日子反而過得更辛苦。台灣貧富差距自兩千年起明顯惡化，最富裕的百分之五與最窮的百分之五，平均所得差距在一九八八年為三十二倍，兩千年達到四十倍，二〇〇三年跳升

發生在自己身上的奇譚，怎能不好好了解？這是為什麼要談美學經濟的第一個理由。

至五十一倍，二〇〇五年為五十四點八一倍，到了二〇〇六年擴大至五十八點六一倍。長期研究貧富差距的林萬億教授表示，這代表台灣的中間族群正在撕裂。「他們未來的機會愈來愈少，如果不能向上走（成為上流社會），就是往下沉淪（成為下流社會）。」

若再加上名目平均薪資年增率低於消費者物價年增率，也就是「加薪幅度趕不上物價漲幅」，荷包不斷縮水，以及痛苦指數（失業率加上物價指數）創下二十年來新高。我只能套句大前研一的話：「歡迎來到新世界！」

唉！如果我們能逆轉這個現象該有多好？也就是說，如果我們每個人都能理解上流社會的美感邏輯，用兩倍價錢把美感價值傳遞給其他人，那該有多好？

如何創造具有兩倍價錢的美感價值？這是為什麼要談美學經濟的第二個理由。

❖ ❖ ❖

接著，我想藉由一個親身體驗的小故事，點出幾個現在談論美學經濟常見的盲點，以及本書所要討論的內容。

從地圖上看，台灣像是一顆番薯，番薯尾有兩隻腳。左邊一隻叫貓鼻頭，遠遠望去，那岬角就像一隻臥貓；右邊一隻叫鵝鑾鼻，是台灣的最南端，上面有座守望海峽逾百年的高聳燈塔。這裡不分四季，陽光永遠閃耀著。兩隻腳中間的海灣叫南灣，灣裡是一片純淨潔白的貝殼沙灘。放眼望去，澄澈明亮的天空覆罩在蔚藍的海水上，遠處風帆點點，讓人心曠神怡。如果把戲水弄潮的比基尼辣妹也算進去的話，南灣可謂全台第一美景，而且當之無愧。

老爸留下一棟老房子就在南灣邊，我們都叫它小白屋，走出門口，跳下珊瑚礁，就可以把雙腳浸入南灣清涼的海水裡。但由於工作的緣故，我沒辦法長住在那裡，幾年下來，小白屋無人修葺，屋頂漏水，蟲蟻滋生，木樑腐朽，幾近崩壞。我心想，這樣下去不是辦法，於是和老媽商量後，決定把小白屋租出去，房租低無所謂，只要房客好好維護打掃就好。找了好久，終於有個老外潛水教練願意承租，他叫什麼名字我忘了，姑且叫他巴特吧！百來坪的土地加上三、四十坪的房子，一個月只要六千元。

過了將近一年，我們全家南下墾丁旅遊，順道去看看小白屋，結果發現全都不一樣了。那老外不僅把屋頂修補好，庭園竹木也都整理過，還到海邊撿了漂流木，搭起涼亭樹屋。他也把屋壁全漆成純白色，愛琴海式的純白，屋內則以貝殼拼貼馬賽克，裝點得美輪美奐。除了南灣上那兩顆很醜的水泥球，也就是核電廠的超大型水泥圍阻，巴特對小白屋的生活環境滿意極了。

這麼做想必花了不少錢吧？但巴特卻說沒花錢，一毛錢都沒花。經濟學告訴我們，「天下沒有白吃的午餐」，不花錢想必得付出其他的代價，比如說時間和精力。一問之下，果然沒錯，巴特把空檔時間全投入創作，打造小白屋這種另類的藝術形式，他說：「嗯……反正沒事。我就是愛美，沒辦法。」顯然，愛美對他來說是個「再正當且自然不過的理由」，並不需要考慮是否負擔得起。

之後，又過了幾年，巴特在這兒住膩了，跑到別的國家去教潛水，我們只好再次招租。這回容易得多，不到幾天，就有好幾組人馬前來詢問，最後我們挑了一個在墾丁大街上幫人紋身兼賣飾品的年輕房客，一個月八千，小白屋又租出去了。

這個叫阿夢的年輕人，擺明愛作夢。他把房子漆成了誇張的 Hello Kitty 粉紅，還在水泥擋土牆上畫滿大大的衝浪塗鴉，只要你到南灣，看見一棟色彩鮮豔到刺眼的怪房子，那就是它。根據估算，一年有三百萬人次會經過那個地方，有六百萬隻眼睛會被它閃到。兩年前我前去探訪時，還未進門就看見穿著比基尼的辣妹在屋前沖水。阿夢的計畫是把小白屋辦成民宿，然後開間海濱咖啡吧，「讓所有的年輕人坐在這裡，看夕陽沉落貓鼻頭……」多麼美好的計畫啊！但是我知道，勝算不在他那邊。

即使是一般人都知道，這種小本生意的失敗率超高。有多高？曾有統計資料說，咖啡館在開業三年內倒閉的機率高達百分之九十五（我還看過更高的），倒閉的理由不一而足：尖離峰和淡旺季的人手調度問題、客源開拓困難、資金調度失靈、品質管控不良等等。單論阿夢要實現夢想的第一步：充裕的資金，我就不那麼樂觀。但阿夢自信地說資金不是問題，他的自信來自於他活在藝術家的圈子裡，他們說會全力支持他的夢想。這一群人不煩惱錢，錢不是這裡的主流文化。

然而，我所擔心的事情還是發生了。阿夢漸漸繳不出房租，一拖半年。我問他怎麼回事，他只說請我通融一下，等「春天吶喊」過去，錢進來了，一定馬上交租。等了好久，他還是沒有繳錢，無奈之餘，我只得把房子收回，重新招租。這次我在網路上張貼照片，兩萬五一個月，不到一週，已經有三、四組人馬搶著要租。

有的人要辦民宿、有的想退休養老、有的想從事觀光美容……。

這個活生生的例子讓我們思考以下幾件事：

誰能談美學經濟？

美學經濟是有錢人、大企業家、大學者，或所謂的藝術工作者、文化創意產業從業人員才能談論的概念嗎？

巴特是個潛水教練，整天帶人在海裡浮上沉下的，還要幫人換氧氣筒。我很確定他沒有受過什麼美學訓練，但是他懂得欣賞生活、欣賞美，最後還自己動手創作。不知不覺間，他讓小白屋增值了最少百分之三十三（六千變八千，增值兩千）。與台灣首富相比，這經營能力可一點兒都不遜色！

而阿夢是個擺路邊攤的流浪人。他全身花繡，龍虎花雲一樣不缺，臉上也畫了兩把刀。如果你在台北街頭看見他，肯定是避之唯恐不及，更別說是要聽他談南灣日落、北斗星起。但是他在一個充滿了美感的環境裡，活得自在又滿腹理想，雖然最後他的生意並沒有成功，但回憶錄裡一定有這麼一段青春，美好的青春。而且，因為美的「外溢效果」，我這不才的房東賺到了三倍多的增值（八千變兩萬五）。

美學經濟，人人皆可談，人人皆可用！

美（美學）與錢（經濟）衝突難解？

一般藝術家談論到錢，總是會被同行看不起，甚至笑俗；另一方面，真正滿腦子想賺錢的人，雖然知道「美是一門好生意」，卻常常不得其門而入。這兩者的思維模式有什麼不同？有沒有整合、溝通的可能？

阿夢把小白屋還給我時，問我能不能稍稍「補償」他的投資。我說：「不能！你還得賠我才是！」巴特留下一座美美的小白屋，像純潔的少女，而他卻把它弄成俗豔的花車女郎——給我漆回來，該拆的拆掉，弄壞的還得照賠！我想他心中一定很鬱卒，認為這個房東太沒有審美能力，要不就是死要錢。讀商管的人一定得這麼庸俗不堪嗎？而搞藝術的，一定要這麼難搞嗎？我在接下來的第一章將加以說明和解釋。

美真的是一門好生意？

什麼算「美」，什麼是「醜」？要多美才算美？面對南灣的藍天碧海，無人不讚嘆稱美，但面對核三廠那兩顆大水泥球，恐怕就沒有人會說美；看到掛著燦爛笑容的比基尼辣妹令人愉快，但看到她腰後的那兩團肥肉又令人吐血；達文西的蒙娜麗莎眉毛稀疏額頭禿，有人說一點都不美；肉販阿珠熱情有勁，目光如炬，有人說她好美。美醜有沒有客觀的標準呢？美的欣賞究竟是怎麼一回事？一件很美的事物值不值錢？若有價值，值多少？

再來，創造「美感」一定要花錢嗎？要花多少錢才夠？能不能算得出來？巴特把小白屋弄得像希臘海邊小屋，沒花錢；阿夢為了把小白屋變成理想中的夢幻屋，花了幾百萬，鈔票一去如流水，收不回來。要是阿夢能先做市場評估，算一算投資報酬率，那該有多好。我們常常在報章雜誌看到文章說，「文化是一門好生意」、「創意讓你賺大錢」，到底有沒有可能呢？把經營美感當作生意，有人已經夢碎南灣，美真的是一門好生意？

沒錯，**美是一門好生意**，而且有成功關鍵可循：從品牌、認同、設計、新奇、服務、奢華，本書將透過實際案例帶你一一檢視。

哪些生意算是美學經濟？

好吧，就算美真的是一門好生意，那麼哪些生意算是美學經濟的生意？你的生意又要如何運用上美學經濟的概念？我們現在不只對美學經濟的定義模糊，就連哪些產業屬於美學經濟的範疇都沒人敢給個定論，甚至有人放言：「所有的生意都是美學經濟。」聽起來就像是兩千年時大家都掛在嘴上的那句話：「所有生意都是.com的生意。」很豪氣、很華麗，卻讓人皮皮挫。

我們可以將美學經濟定義為：「**以美感創造產品（或服務）價值的商業模式**。」這樣的定義，所包含的就不單是「文化創意產業」，還概括了許多其他的東西。在本書中，我將以產品與服務的基本性質來分類，說明各種美學經濟產業的特性，並進一步針對這些特性，提出一些經營的指引。

美學經濟經營管理的 Know How 是本書的重點。

政府該扮演何種角色？

我常在想，長官們，那些好心的長官們，為什麼不請人把南灣上那兩顆水泥球好好彩繪一番？應該不會影響到核能安全吧？但是，回過頭來想，我心中又充滿擔憂，擔憂的不是鮮豔的水泥漆將侵蝕三公尺厚的水泥牆，引發輻射外洩。我擔憂的是，這麼一建議，長官們會請人把它們漆成一顆紅、一顆綠，那樣一來，可能比什麼都不做還糟。

這不是狂想消遣，在我看來，許多關於文化、藝術、美學的政策，都存在類似的荒謬性。而荒謬性的來源正是由於沒有切實地理解產業特性，以及經濟學的原理。因此，我在第五章會談到「政府」在美學經濟產業中的角色。

最後，不管你是從哪一個角度來讀本書，是看熱鬧？還是看門道？都沒關係，撇去錢啊、生意啊這些俗務，你也可以回到純欣賞、純學習的個人角度，讓我們一塊兒來研究，如何當個新時代的「**美學經濟人**」。

Manifesto of Aesthetic Economics

Chapter 1 美學經濟宣言

已成之事，就是將成之事；已做之業，也就是將做之業；所以，太陽底下無新鮮事。

——所羅門王（King Solomon）

剛看到「美學經濟」這個名詞的時候，除了感覺新奇以外，相信大家都有些疑惑。因為，搞企管研究的學者們，這些年來實在創造出太多新名詞了：電子商務、知識經濟、創新管理、商業模式、網路行銷……，還有一大堆難以理解的英文縮寫，什麼ERP、EC、KM、TQM之類的，更誇張的是，在我們連1.0是什麼都還沒搞清楚之前，忽然就蹦出2.0。沒辦法，有時候專業是要弄點玄虛！

所以，為了廣大的一般大眾，在此先把定義說清楚：

- 美學經濟講究的是「**以美感創造產品（或服務）價值**」。
- 美學經濟事業就是「**以美感創造產品（或服務）價值的商業模式**」。

最早提出美感價值這個名詞的人，是經濟學專欄作家帕斯楚。她認為美感是人類與生俱來的本能。人們渴望追求美感所帶來的愉悅，因此能滿足人們美感需求的商品與服務才有了價值。

基本上，把美感生活經驗與產業發展結合的商業活動，就是美學經濟。世界各國有稱「文化產業」、「創意產業」，或稱「創意經濟」。追溯其源頭，應是阿多諾（Theodor Adorno）與霍克海默（Max Horkheimer）在一九四七年創造的「文化產業」這個名詞，距今已經過了一甲子。

在台灣，李仁芳教授率先倡導美學經濟，他提到我們常以「生產條件比較利益法則」來思考製造經濟，但這麼做終將造成產業毛利率下滑，因此他主張改以「生活形態條件比較利益法則」來思考產業前景，以「美學生活」為本，創造利潤更高的商業模式。

而在中國大陸，這門學科的研究稱為「經濟美學」。根據范正美教授的說法：「經濟美學是一門新興交叉學科，它適應現代社會經濟、科技發展與人們生活需要，闡述生產、流通、消費領域中美的發生、發展的一般規律。」我們可以發現，雖然前後兩個名詞倒裝，但研究目標是相同的。只不過台灣的研究充分體現了資本主義特色，著重企業獲利、資本累積，完全以實用為考量；而彼岸的研究則著重發掘抽象規律的精神，試圖「闡述生產、流通、消費中的一般美學的問題，以及經濟生活中的審美對象的分類及其表現」。

文化產業：Culture industry
創意產業：Creative Industry
創意經濟：Creative Economy

好像很高深？其實沒那麼玄。就像台灣講貓熊，大陸講熊貓，指的是同一種毛色黑白相間、整天吃竹子睡覺的可愛動物，習慣用法有別罷了。一般來說，若是兩個名詞疊在一起使用，前面的那個是起形容詞的作用，後面的名詞才是重點。打個比方，青椒牛肉中，青椒是副，是配菜；牛肉是主，是主菜。如果你上餐館點這道菜，結果老闆端上來的是一大盤青椒，配上三兩絲牛肉，你一定掀桌罵人。因此，從美學經濟的詞意來理解，應該是以經濟學的基本原理來解釋美感消費、美感生產與相關現象。**經濟為主，美學為副**，才是道理。

在美學經濟相關的著作中，常見一些同義或似義詞。（請參見左頁的語彙列表，基本上只要你從左欄選一個詞，再從右欄選一個詞，搭配起來，就是一篇研究報告的題目了。）這些相似又不盡相同的研究主題，常會迷得人昏頭轉向，在此稍做說明。

首先，美學經濟不等同於文化創意產業。政府所頒訂的「文化創意產業發展法草案」，明文規範了十三類產業（見九十五頁），然而這些產業**包含於**美學經濟產業，卻**不包含**美學經濟的所有產業。舉例來說，你或許沒想到，積體電路設計其實是需要高度美學素養的產業，好的ＩＣ設計師整天計較著，如何把最精密的功能以最低的損耗嵌入最小的空間，作業所需的空間結構概念，並不遜於任何一個建築師。有的ＩＣ設計高手還可以在晶片角落畫上栩栩如生的卡通人物。顯然，這些人也在利用美感使產品加值，但他們卻不屬於文化創意產業。

不過，不可否認的，在大部分的場合裡，美學經濟泛指文化創意產業。這話是說得通的，因為它們的重疊性相當高。

美學經濟研究的二元性與相似性

語彙組一	語彙組二
美學(Aesthetic, Aesthetics)、美感(Sense of Beauty)	經濟(Economy, Economics, Economic)
藝術(Arts)、文化(Cultural)、知識(Knowledge)	商業(Commerce)、事業(Business)、商機(Business Chance)
創意(Creativity, Creative)、創新(Innovative, Innovation)	管理(Management)、行銷(Marketing)
風格(Style)、奢華(Luxury)、體驗(Experience)、感官(Sense)、感性(Sensational)、娛樂(Entertainment)、欲望(Desire)、流行(Fashion)	產業(Industry) 技術、科技(Technology) 邏輯(Logic)、模型(Model)

美感的本質

什麼是美，什麼又是美感呢？
這個問題是審美哲學的第一問，也是最終問。

美感讓商品產生了**兩倍價值**。這個價值不是商品設計者（創作者）主觀認定的，而是當商品滿足了消費者（觀眾、閱聽人、客戶）的需求，他們心甘情願付出的價格。在美學經濟中，那多出來的附加價值，就是美感的價值。

那，什麼是美，什麼又是美感呢？

單單列出曾經正面回答過這個問題的大師名單，就夠我們這些凡夫俗子頭昏腦脹了。遠從柏拉圖、亞里斯多德開始，歌德、尼采、康德、波卡頓、羅斯金、佛洛依德、榮格、史賓格勒、羅蘭巴特……一直到離我們最近的朱光潛、漢寶德、蔣動。每位大師都有一套說法，內容不盡相同，甚至還互相矛盾。顯然，用理性邏輯來回答這個問題，並不是那麼適當。

柏拉圖說：「美是真的光輝。」

那什麼是「真」？

帕斯楚說：「真就是『真實』，是『形式』（form）上的和諧、平衡或愉悅。」

和諧、平衡或愉悅都很容易了解。但什麼是「形式」呢？

心理學大師羅洛・梅（Rollo May）說：「形式為有創造力的活動提供疆界和結構。」

愈解釋愈多專有名詞，讓人頭更昏。讓我們換個方式來說，就拿大多數人都看過的《小王子》為例——小王子要求飛行員幫他畫隻羊，飛行員拿出素描本，用鉛筆在紙上勾畫了一隻山羊。小王子說：「牠有角，是山羊，不是綿羊！」你有沒有發現，紙上明明只有線條，沒有羊毛、沒有角，沒有一隻羊該有的一切，但小王子卻覺得那就是一隻羊。

這就是形式。紙上那條線框住了羊的圖形，呈現了分隔圖形內外的疆界；線條也表現了羊角、羊腳、羊鬚等等羊的結構，正與小王子心中對山羊的印象相合，達到了溝通的目的。這就是形式的作用。

形式上的和諧、平衡或愉悅就是美。詹偉雄先生所提「美學深度有三個決定元素，協調（Harmony）、舒適（confort）、深意（profundity）」，基本上具有相同的意義。如果要更深刻、完整地分析美學元素，那就要參考亞奎那（Thomas Aquinas）的看法，他認為，美的事物符合整體（周全）、和諧與光輝（華采）三個特性。這些特性會與我們每個人內心潛藏的基本形式——亦即榮格所謂的「集體潛意識」——相共鳴，使人感動、受震撼，進而產生美的驚駭感。

所以，美的事物就是有周全的形式，有明確的結構與限制，可以讓人感到整體性的滿足，體會到更高的存在，如果你信神，那就是神；如果你不信神，那就是宇宙運行的法則，也就是武俠小說中常用的天人合一啦！不僅如此，整體與和諧以外，還要展現光輝，才是美。舉例來說，隨便拿一個乾淨的碗，既圓又不缺角，具有整體性與和諧性，但卻很難說它美。但是，拿個「雨過天青」的柴窯碗來，就是有光輝，它就是美。

以上都看不懂？沒關係，哲學家說話就是這樣！讓我們換個說法——**美感就是令人愉悅的感覺**。

有些每個人心裡「共有」的潛意識，叫做「集體潛意識」，或許來自於共同的生活經驗、文化背景，或許來自於遠古人類的心理殘餘，只要被某種象徵召喚了，就會活躍起來。

美感就是令人愉悅的感覺

當我們看到美好的事物、聽到美好的聲音、享受美食、觸摸愛人身體美好的曲線、聞到美女從身邊走過飄來的一陣清香時，內心油然而生的那一種愉快的感覺，那就是美。「美感，是一種生理需求。」帕斯楚說得更直接，「美是自然呈現出來的，不是靠嘴巴講的；美會讓人自動感到愉悅，不須加以指導；美的效果是立即的、視覺的，以及情緒層面的，雖然我們可以在事後加以分析，但美的效果並非認知而來的。」

此外，著作被美學設計類科學生們奉為圭臬的朱光潛老師曾說過，美感經驗來自於「形相的直覺」、「心理的距離」（距離會產生朦朧的美感，好比說老婆再美也沒有初戀情人美）、「移情作用」（把自己投射在美的對象中，好比說覺得自己像是《色戒》裡的梁朝偉）、「模仿」（打籃球時想學人灌籃）等等。這些說法雖然遭到質疑，但大致上都不離我們的經驗法則。只是這說法不夠完整，因為美感的種類和對象含括萬事萬物，一定不只如此。

朱光潛又說，「快感」不等於「美感」，立論基礎在於他認為美感與實用無關，而快感則來自於實際要求的滿足。但我們聽起來卻像是說，籃球比賽裡，向後跳投命中才算得分，灌籃不算；而且投籃時心裡不能存著要命中的想法（不能講究實用），要講究姿勢好不好看、技巧高不高超，以純藝術性的角度來從事！

針對美感是不是快感，另一位大師漢寶德有類似的看法。他表示「美感和快感根本是風馬牛不相及的兩回事」，美感來自於精神生活的滿足，而快感則來自於物質生活的滿足。他把精神與物質、審美與實用分開，二元對立。這看法其實與朱老師類似，只是換個說法罷了。再用籃球比賽作例子，漢寶德大師的看法聽起來就像是說，跳投是選手沒摸到籃框，灌籃是選手有摸到籃框，而它們根本是風馬牛不相及的兩回事。但是，他沒辦法告訴我們為什麼美感與快感都會引起類似的感覺——快樂（或愉快），也就是說，為什麼跳投入籃和灌籃都算得分？

從亞里斯多德開始，就漸漸發展出這種「快樂有兩種，一種高等，一種低等」的概念，到了十九世紀，心理、社會等各類科學進步以後，米爾（John Mill）做了一個大膽的結論：「不同的經驗所得到的愉快，在質量上均有所差異，亦即玩遊戲與讀詩所得到的快樂價值不同。」這個說法似乎與朱、漢兩位老師的論點有異曲同工之妙。

然而，現代心理學卻沒有任何證據可以證明這一點。神經科學家實際測量腦部活動的結果甚至告訴我們，無論是被視為低等的、吸毒所帶來的快樂，或是被視為高等的、朗誦詩歌等藝術體驗所帶來的快樂，所對應的大腦反應區域是相同的。因此，經濟學家理查・萊亞德（Richard Layard）告訴我們：「沒有一種好的感覺本身是壞的——只有後果才使它成為壞的。」

也就是說，快樂（或愉快）只有一種，快樂就是快樂，沒有必要分什麼高等的或低等的、實用的或審美的、劣質的或優質的。先前幾位大師的說法，其實缺少生理心理學的根據。美感單純是由美的事物所引起的愉快感覺，帶給人的滿足和愉快程度當然有強弱之分、有持久時間之別，但沒有道德上的好壞高低。所有在道德上對美感的批判評比，只是針對其來源與後果，而不是美本身。

談到愉快滿足的程度，最常被引用的理論就是馬斯洛（Abraham Maslow）的需求層次理論：最低層的是「生理需求」，循次而上，分別是「安全需求」、「愛、情感和歸屬感的需求」（克服孤獨與疏離的感覺）、「被尊重的需求」，最終是「自我實現的需求」。

馬斯洛大師強調，下面四種需求都被滿足了之後，才會顯現出「自我實現」這個終極需求：「日益發展自我，變成一個人所能成為的一切事物的渴望。」其中，美學體驗就是一種最高的滿足形式。

帕斯楚則認為，「美感不是奢侈品，那怕只有一丁點安定和生計，追求『賞心悅目』的原始欲望，就會驅動人們利用各種素材、形式美化生活。」顯然美感是一種普遍性、不分層次的快樂需求。也就是說，雖然每個人的審美能力、文化背景、風格品味都不相同，但都有兩隻眼睛，外界刺激的信號也是得經

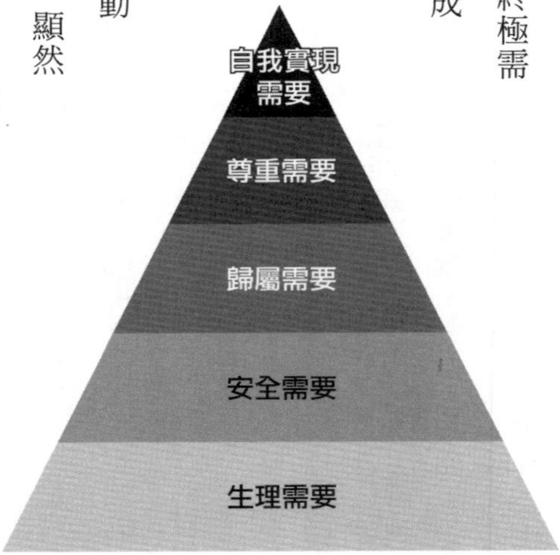

馬斯洛的需求層次理論

過前額葉傳進大腦處理，所引發的美的驚駭感（快感）都差不多，因而產生了相同、類似的美感需求。

這種說法在心理學也得到充分的證據證明。科學家們利用各種不同的刺激去測驗一個人的快樂程度，結果發現最令人快樂的一種，就是當你全神貫注於某件事，沉溺於某種「流」（flow）的體驗的時候。在「流」中，你渾然忘我，不覺時間流逝；而事後，你會回味無窮，依依不捨。這種體驗誰最能領會？連續投中十顆三分球的球員、突破撞牆期的馬拉松選手……還有藝術家！

藝術為美而服務

藝術是過程；美是目的。
藝術與美根本不能互相比較。

藝術到底等不等於美？這個問題爭論已久。在《漢寶德談美》一書中，漢寶德老師分析了從古典到十九世紀這兩個概念的分分合合，結論是：在當代，藝術與美是互不相等、互不包含的兩個概念。

這個看法主要是由於當代藝術中，實在出現了太多「怪異」的作品了。比如西班牙超現實主義大師達利的那幅搞怪蒙娜麗莎，與達文西的原畫一比，實在很難稱得上是美（驚駭倒是很多）。此外，甚至連平淡無味或令人噁心的作品都愈來愈多：在馬桶上簽名就當作藝術品、吃糞當作行動藝術、把紀念館亂掛風箏說是裝置藝術……不勝枚舉。

另一方面，如村上隆所言：「現代美術評價標準是概念的創造；被肯定的是『概念』與『觀念』的部分。透過作品，創造出世界藝術史上的脈絡。」當代藝術著重於觀念的傳達，輕忽技巧性美的表現，這也是造成藝術與美分流的原因。比如說，過年街頭到處有得買的毛筆字春聯，每一幅貼起來都是喜氣洋洋。雖然這是一種透過熟練的技巧所表現出的美感，但無論是詞意也好（老是「春滿乾坤福滿門」，了無新意），筆法也好（模仿沿襲歐柳顏王，甚至是電腦列印），都很難說有什麼藝術性，更不用談藝術概念的傳遞了。

嚴格講起來，藝術與美根本就是不能互相比較的東西（觀念）。

為什麼呢？因為藝術是工具材料，是過程；而美是目的。你拿黏土捏陶器，黏土是工具材料，陶器是目的。黏土不是陶器，陶器也不是黏土，不需要比較。也可以說，**藝術是美的「載體」、「媒介」**，**藝術用來創造、表現美感**，就如陶土是用來捏塑陶器，本來在概念層次上就是不同的。

藝術是人類為了一個審美目的，處理一個可感受或可理解的事物，其從事的動機，大略有三種：

一、為藝術而藝術，沒有實用目的，也就是說，藝術家在創作時並不思考金錢、名聲、性等等回報。

二、藝術是為了溝通、傳承某個文化傳統，而不是人類天生就有「創作細胞」。這一點，生物學

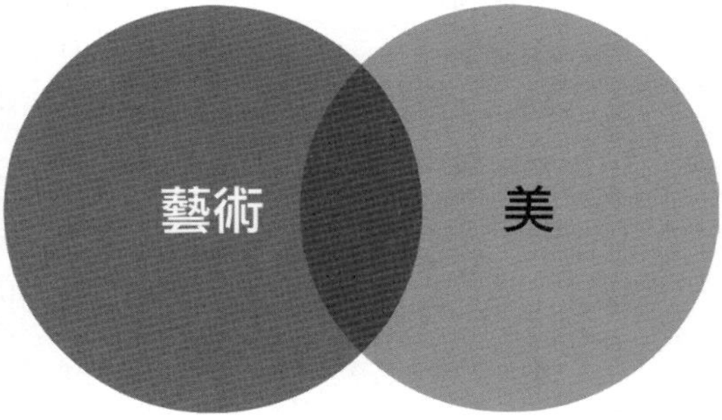

藝術與美互不相同

家賈德・戴蒙（Jared Diamond）在《第三種猩猩》一書中有精妙的觀察：「為什麼藝術是人類的特徵，不是其他動物的？既然人類飼養的黑猩猩會作畫，牠們在野地為何不作畫？我認為，野地的黑猩猩沒閒暇作畫，牠們得解決許多生活的問題，找食物、生存、打退敵對群隊。要是野地黑猩猩行有餘力又有工具，牠們會作畫的。我的理論是有根據的：人類的基因組裡，有百分之九十八是黑猩猩的。」

三、藝術是在追求美感，以及美感產生的愉悅。

個人認為，在當代社會中，為了這三種理由而創作的人都有，比例大概是一：一：八（非統計數據）。前面說過，美就是一種愉悅的感覺。從欣賞者的角度來看，除了嚴格的藝術形式（精神美、觀念美）可以用來表現美，讓人產生愉快的感覺，其他所謂甜俗的作品，純粹展現高度技巧美的作品，也能讓人感到愉快滿足，說它不是藝術，未免太過牽強。

怪異的藝術也好，令人噁心的藝術也好，畢竟都是特例。如果更深入地分析那些創作的概念，作者也是想傳達某一種他對世界的獨特見解，從這個角度來想，這種勇氣與態度，也是滿美的。

雖然我們力圖以邏輯的、科學的、講究實用的態度來討論美與藝術，但還是不能迴避**美的感受是全然主觀的**這一個事實。美的定義是由個人決定，而不是任何一位專家說了算。同一件作品，因為觀者心境和立場不同，一個說美、一個說不美是司空見慣的情形（當兵三年，母豬賽貂蟬；你說漂亮的女明星，你老婆一定說醜、沒氣質），甚至還會因為觀賞的時間、地點、情境不同，使得同一個人對同一件作品的美感有所差異呢！試試去競選場合聽馬勒第五號交響曲，有人會被感動得痛哭流涕，有人會覺得十分噁心。

十八世紀的英國哲學家休姆（David Hume）說：「美並不是事物本身裡的一種屬性，它只存在於觀照事物者的心靈。」總之，用實用主義的觀點來看，藝術總是為了美而服務。平常我們看到精彩的藝術展現，會說「很美」；看到做工精美的日用品，會說「簡直是藝術」。這些說法都說得過去。談美學經濟時，一切講究實用，沒有必要在用詞上吹毛求疵。

以上是從美的接受者，即觀眾、聽眾、閱聽人、客戶、消費者的角度來分析藝術與美感。接下來，我們要進一步從創作者的角度來談談藝術存在的理由。

永恆的追尋

電影《神鬼戰士》一開場，那位指揮千軍萬馬開拓帝國的老凱撒，名叫馬爾庫斯・奧列里烏斯（Marcus Aurelius），他在片中遭到親生兒子謀殺，年輕的軍團司令淪為角鬥士，踏上復仇的旅程，引發了一連串腥風血雨、蕩氣迴腸的劇情。

掃興的是，以上情節純屬虛構，藝術虛構。真實的歷史中，這位名字很長的皇帝被列為「五賢君」之一，是位令人心嚮往之的哲學家皇帝。對於人生，他寫下這樣一段話：「一生不過一瞬，生命變換不居，感官猶如微弱星火，肉體無非蛆蟲餌食。」

不知道你是不是也曾有過這樣的感嘆？明明才剛過完年，怎麼又忽然說要過端午了。過完端午，怎麼又要過年了？時間飛快流逝，自己或許都不覺得自己慢慢變老，但一看到昔日的玉女歌手，怎麼忽然演起人母；明明記得喬丹才剛從罰球線起跳灌籃，怎麼忽然就引退十年了……只要是有感覺的人，就會開始去思索「永恆」

的意義。

這就是藝術存在的第一個理由：追求不朽。

沒有人能夠打敗死亡，於是我們希望做些什麼，可以在自己死了以後，留給其他人追思，讓後來的人記得曾經有過「我」這一號人物。舉例來說，之前有位政府重要官員在爬山散步時忽然心臟病發過世了。不知讀者有沒有發覺，各家媒體在報導相關新聞時，一定會把他的一生功過回顧一遍。可能由於政治立場不同，評價褒貶不一，但報導中唯一的共同點是：他得過兩次全國性文學獎，他的小說後來被改編成有史以來最長壽的鄉土劇。我們甚至還可以預測，幾年後人們會忘記他所有的功過，只記得他的小說——這就是藝術追求不朽最好的例證，你不用先懂得尼采的理論，就能體會。

「對形式的熱情，是試圖在生命中發現及建構意義的一種方法。」存在主義心理學家羅洛・梅這麼說。她告訴我們，在生命消逝之時，我們所愛的一切終將消失，因此只好（必須）透過創造的行動，來「超越」這不可避免的結局。

毀滅教我如此沉思：
時間將會奪走吾愛。
這種想法有如死亡，使人無可奈何，
只能在得到他所害怕失去的對象時，哀哀哭泣。

——莎士比亞第六十四首商籟詩

「創造力是對不朽的渴求。」羅洛・梅大師進一步引莎翁名作來說明，為何詩人得到了眷戀的愛人時會哀哀哭泣？因為詩人想到了，再美好的事物都有毀滅、死亡的一天。這種悲劇性的感傷，構成了偉大藝術作品中的美感。藝術家藉由呈現每個人一直想逃避卻終究逃避不了的終極悲劇來洗滌心靈，這就是藝術的「淨化」作用。「我們對死亡有話要說。我們知道，每個人都必須培養面對死亡的勇氣。然而，我們又必須背叛死亡，並且與之爭鬥。創造力即來自此一爭鬥，創造的行動源於反叛。此一熱情是**想要在死亡之後繼續活著**。」

尋求認同

少年漫畫常有一個主題，叫做「認同」——功課很差的高中生拚命練球，想要能投出七彩變化球；生來就有妖怪附身、人人懼怕嫌惡的少年忍者，每天流血修練；還有完全是笨蛋的少年，立志成為海賊王；還有被視為流氓的留級生，下地獄與惡鬼格鬥……這些都是感人至深，讓你讀了熱血沸騰的好作品，可以燃起你熊熊的鬥志去和挫折多難的人生奮戰。

為什麼感人呢？因為「人是被拋到這個世界來的」，你沒有辦法選擇要不要被生出來，也沒有辦法選擇父母家庭，更沒有辦法選擇讓自己再聰明一點……整個處境是既無奈又荒謬。「人不能『存在於』一個虛空之中。我們是以創造來展示我們的存在。」羅洛・梅這麼說：「為自己的生命賦予形式，其實是每個人的急切需要。」人只能著眼於現實的存在，看看能做些什麼，讓其他同樣是無奈被「拋出來」的人肯定自我，彼此取暖，好好地走完這不過一瞬的生命旅途。

這就是藝術存在的第二個理由：尋求認同。

偶像明星就是這樣形成的：當有一個人他穿得像你、講話像你、髮型像你……有好多方面都像你，然後他做出了令人驚嘆的完美表演，你會想像是你自己完成了那場表演，你在享受全場的歡呼與掌聲。這就是「認同」的力量，它使你完全忘卻了其實是你把自己打扮得像他，講話也學他。

尋求認同會異化成另一種表面上完全相反的表現方式，那就是「追求獨特的風格」。舉例來說，大企業裡常見一個有趣的現象：當所有的下屬都開著百萬名車時，老闆卻偏偏騎腳踏車，這樣一來，老闆的身分地位反而被彰顯出來了，重點不在於車子價格高低，而在於獨特性。這是一種生物本能，和孔雀展示美麗尾羽的目的差不多，並沒有高尚或低俗之分，只有成功與失敗的區別。大師村上隆這麼說：「我希望為了『美』一直勞動下去。然後不管在日本還是世界任何一處，都可以創造『美』，在其名下分享喜悅。如果為了如此必須從製造土壤開始，那麼我樂於全身都被泥巴沾滿。為什麼？因為只有當站在『美』的前面，大家才都是平等的。『美』能夠讓這樣的夢幻時刻在一瞬間實現，給予我們希望，讓我們得到『互相了解』這人類欲望的極限，我希望為此而勞。」

當然，如果硬要再細分、列舉，藝術家還會告訴你各種獨特、有趣或怪異的創作理由：「為了完成父親的遺願，所以……」、「為了我最親愛的老婆（或小孩），所以……」、「為了抗議主流媒體忽視我們的聲音，所以……」、「為了防止地球被破壞，為了維護世界和平，貫徹愛與真實的邪惡，所以……」（引自神奇寶貝皮卡丘）。但你可以發現，他們的目標大致不脫追求永恆、尋求認同兩者。

接下來，我們要更進一步探討美感的類型，以便了解這裡面有什麼生意可以做，以及怎麼做。

美感大分類

美學經濟要談的，不只是「合宜的藝術」，也要談「不合宜的藝術」。

相信許多人家中都掛了一幅心經吧？（或至少也看過別人家裡有掛。）心經是西遊記裡那位被各路妖怪視為美食珍饈的唐三藏所寫的，他寫的這部經典是我們談

論「感覺」的最好教材：

> ……色不異空，空不異色；色即是空，空即是色，受想行識亦復如是……是故空中無色，無受想行識；無眼耳鼻舌身意，無色聲香味觸法；無眼界乃至無意識界……

凡人類感覺的形成，必定有三個要件：外在的刺激、感官，以及對刺激的解釋。外在刺激包括光線、聲音、香味、調味料、辣妹的挑逗或捏打等等，也就是心經所謂的「色聲香味觸法」。

感官包括眼睛、耳朵、鼻子、舌頭與皮膚，用來感受外在的刺激。用工程的方法來解釋，就是將刺激的信號，轉變為電化學信號，才能透過神經元的傳遞送進大腦去解譯。佛法所謂的「眼耳鼻舌身意」等五蘊感官，就是信號轉換器！

不同的大腦區域職司不同感覺信號的解釋，它們將信號加以處理以得到確實的心理意義，再儲存到大腦皮質皺摺中。至於確實的處理演算法，也就是佛學中所謂的「意識界」，在工程上仍然是個謎。但隨著醫學、心理學、生理學、資訊科學的進步，相信總有理解的一日。

利用這三個要件，我們可以把美感（藝術）做個分類——分類對於觀念的形成很重要，因為這麼做可以對於各個種類的相似或相異處有更深的了解，再針對各個類別發展出相對應的處理原則，也就是說，**分類是發展美學經濟指引原則的必要工作**。

我們先利用外界（人體以外）的刺激來分類，也就是利用傳達美感的媒介來分類，由此可以分為繪畫（對應視覺）、音樂（對應聽覺）、美食（對應味覺）、香氣（對應嗅覺）、雕塑（對應觸覺、視覺）等等。我們也可以學蔣勳老師，直接用感官來分類，分視覺之美、聽覺之美、嗅覺之美、觸覺之美、味覺之美。這兩種分類方式的概念涵蓋面大（exhaustive），而且類與類之間界線分明（mutual-exclusive），淺顯容易理解，是相當好的分類方式。但是，在經營上並沒有太大的意涵（implication）——這就像是請小朋友把桌上的水果加以分類，他回答說，香蕉是一類，蘋果是一類，芒果又是一類；或者回答說要剝皮的是一類，不用剝皮的是另一類。兩種分法都分得很好、很清楚，也該得一百分，但這種分類法對我們想分辨哪種水果好吃來的人說，沒有太大的幫助。

在這裡，我們來聽聽六〇年代以後，在德國興起的「接受美學派」的說法：未被接受的任何文學文本和藝術文本都不可能是獨立自足的，因為它還遠遠沒有完成。不僅沒有完成，其實這樣的文本提供的只是潛在因素，唯有被接受，潛在因素才得以實現。

與其說藝術作品是作者一空倚傍的創作——躲在斗室中腸枯思竭，忽然靈光一閃，就從半空中抓下飛鳥來——不如說是作者與觀眾讀者的心靈互動、激盪才產生的有機體。因此，在考慮美感的本質時，觀眾的心理和態度，成為了作品不可分割的一部分。

那麼，分類美感時，可不可以也由觀眾的態度出發呢？

二十世紀最偉大的小說家喬伊斯（James Joyce）把藝術分為兩類，一種是「合宜的藝術」，一種是「不合宜的藝術」。與以往基於藝術媒介（繪畫、音樂、雕塑等等）的分類法，或基於接受感官（視覺、聽覺、嗅覺等等）的分類法最大的不同

接受美學的開創者是饒斯（Hans Robert Jauss），他從文學批評理論出發，提出許多值得思考的美學提問，促成接受美學的誕生與影響力日漸擴大。

是，他用**觀賞者的態度**來分類藝術，相當富有創意，而且切中核心。

所謂合宜的藝術，就是真正屬於藝術的藝術，觀賞者的態度是靜止的，因此能與藝術作品相契合，引發美學的驚駭感。要體會這種心境，你可以試著在冬日清晨到阿里山看日出，看會不會不由自主地發出「喔！」的驚嘆聲；或者把門關起來播放貝多芬的命運交響曲，當「登登登登……」的樂聲響起時，看你會不會全身起雞皮疙瘩；或者讀讀〈念奴嬌・赤壁懷谷〉，「遙想公瑾當年，小喬初嫁了……」你會不會感覺自己雄姿英發，談笑間，檣櫓灰飛煙滅。這種驚駭感，是透過藝術的媒介使得個人忽然之間與一個更大的整體相連結所產生的，易經中說：「寂然不動，感而遂通天下之故。」就這意思。

所謂不合宜的藝術，就是為不屬於藝術之事物服務的藝術，比如說政治文宣、比如說電腦展的辣妹歌舞、比如說超精美的電影海報……它們總是為了「藝術以外」的事物服務，想辦法要撩起觀賞者的恐懼、欲望、喜愛、憎惡，也就是說，觀賞者的態度是行動且不平靜的，主動或被動決定要什麼、不要什麼、做什麼、不做什麼。這時候，觀賞者被激發的不是美的驚駭感，他心緒紛亂激動，充滿想像，一點都不寂靜。

喬伊斯的說法中，更有趣的是，他把不合宜的藝術又分為兩類，分別是「說教的」與「色情的」：說教的藝術是利用人的恐懼，驅使人去排斥、離棄某些事物。比如說前一陣子那齣由美國前副總統高爾親自演出的金像獎名片，拍了許多冰山融解、北極熊掉毛之類的驚悚畫面，與其說他是要讓你知道全球暖化的真相，不如說他要讓你心生恐懼，從此不敢亂開冷氣。而「色情的」藝術不只是它字面所明示的範圍，還意指所有那些勾起你的欲望，讓你去需求、購買某些事物的藝術形式。這就不用舉例了吧？只要把電視打開，每一部廣告片都是，甚至每一齣連續劇都是色情的藝術。這些藝術家的看法很有趣又很深刻！

這樣聽起來，很像就是前面談過的**實用美**與**精神美**的分類，只是換個不同的方式講出來罷了。合宜的藝術是「無所為而為」，不合宜的藝術是「有所為而為」；合宜的藝術是在馬斯洛需求層次的最上層，不合宜的藝術是在三角形的下層。有沒有發現，不管是哪一家的說法，萬法歸宗，總是回到相同的宗旨來——美的價值是主觀的，而且只能透過經驗來發現，不能預先推論；感官的愉悅和意義是與生俱來的，並非自外於生命的一種價值。

而美學經濟要談的，不只是合宜的藝術，也要談不合宜的藝術。如果你想當個創造人類精神文明、不食人間煙火的高貴藝術家，歡迎！但如果你想藉由美感的創造，來滿足人們的某些需求，激發他們的想像力，促使他們行動、行動、再行動，進而使自己獲得成功，包括經濟性的成功（金錢）以及社會性的成功（名氣、女人），那麼，要懂藝術也要認識經濟。

藝術家就是企業家

> 在藝術中，經濟永遠是最美的。
>
> ——亨利・詹姆斯（Henry James）

美學和經濟是分不開的，藝術家就是企業家！

通常作研究、寫論文，最怕提出上面這種無可迴閃、明確果斷的陳述，因為這麼說最容易受到攻擊和挑戰。也因為如此，學院出現了一大堆「兩手」大師，老是說：on one hand......on the other hand......

然而，紐約大學藝術系教授康斯坦絲・史密斯（Constance Smith）對美學和經濟卻說得很清楚，她的話振聾發聵，「身為一個企業家（當你決定從事藝術家這一行時，你就是個企業家了），你將會成為韋伯字典所定義的：『一個以營利為目的，組織事業、經營事業、承擔風險與責任的人。』」

在現實社會中，藝術家定志（Commit）投入美的事業，終生為藝術奉獻，不應該成為註定貧窮的詛咒。而要解除這個詛咒，你就必須面對世界是由經濟學原理所支配的真相。

很嚇人吧？生活周遭有一堆藝術家，無論是彈琴的、寫小說的、畫圖的……一聽到經濟這兩個字，就會喃喃抱怨。在他們眼中，這二字魔咒意味著大學時代老師在黑板上寫得滿滿的方程式，以及一大堆永遠搞不清楚的曲線。它是令人挫折又乏味的東西。但在此保證，本處絕不會出現半條方程式，也不用畫曲線，就能讓你了解經濟學所揭露的世界真相。

經濟學教藝術家的事

所謂藝術家，就是創造美的人。古時候的藝術家大部分都是有閒階級，正如村上春樹在《聽風的歌》中所說：「如果你想追求的是藝術或哲學的話，只要去讀希臘人寫的東西就好了。因為要產生真正的藝術，奴隸制度是必要而不可缺的。古代希臘人好像就是這樣。奴隸耕田、划船，而在那同時，市民就在地中海的陽光下專心做詩、研究數學……。」他們有奴隸來代為從事生活勞動，而自己則拿藝術來消遣娛樂，追求精神昇華。

但當今的藝術家就困難得多！由於科技、工業進步了，生產力大為提升，即使以往被視為奴隸階級的勞動人口都有閒起來。前面說過，追尋美感是動物性的本能，連大猩猩有閒都會作畫，何況是人類？因此，人人都有閒，人人都追求美感的結果，反而讓只懂為藝術而藝術的藝術家陷入了經濟生活的困境。

藝術家是不可能遺世而獨立的。你可以放棄錦衣玉食、榮華富貴、一切世俗的享受，但你終究還是得吃飯才能活下去。你能自己種田養豬擠牛奶嗎？很難！即使真的可以，但若你把時間精力都拿來種田養豬擠牛奶，又拿什麼時間精力去從事藝術創作呢？於是，順理成章的，你會想說不如專心從事藝術創作，想辦法用它來換取生活所需的其他東西好活下去，繼續創作。也因為如此，你更不可能獨自一個人過活，你需要其他人的分工合作。村上隆的說法是：「藝術是藉由與社會接觸而成立的，光藝術作品本身是沒有辦法自立的，沒有觀賞者就無法成立；當然，作品銷售也是要有顧客才會成立。不管在什麼樣的領域，這都是理所當然的銷售鐵則，到了藝術的世界卻想要無視它的存在，哪有這麼容易的事情。」

這就是經濟學第一課講的**比較利益法則和分工**的原理——你之所以選擇把時間精力拿來從事藝術創作，一定是因為你覺得那比種田養豬擠牛奶能為你創造更多的價值；這和農夫選擇種田養豬擠牛奶，而不從事藝術創作的道理相同。你必須專注於你最擅長的事物，那對你最有利，最有價值。

但是，上面的推理有一個小陷阱，那就是「價值」。

你一定會覺得自己最擅長的事物最有價值，用藝術家的語彙來說，就是藝術是主觀的。諾貝爾文學獎得主高行健的看法最為典型：「如果創作想有回應就會流於討好，那是很糟糕的，應該不理會市場、觀眾；藝術家是以作品來說話，回到藝術家自己，觸發內心深處的震驚、感動或厭惡。」

但是，別人也這麼認為嗎？如果別人，也就是高大師所說的「市場、觀眾」，並不認為你的藝術有價值，那會發生什麼事？極端來說，農夫會不願意拿種田養豬擠牛奶的成果（錢）跟你交換藝術創作的成果（錢），你會像畢卡索一樣，窮死——這種現象稱之為「窮藝術家症候群」，亦即哈佛大學政治經濟學教授理查・考夫（Richard Caves）所說的，創作者為了堅持創作偏好，以致於影響創意投入的品質與多寡的狀況，這便是創意產業中為藝術而藝術的特質。

在這裡，我們學到經濟學的第二課，**價值是來自於交換**。拿自己努力工作的成果去換取別人努力工作的成果，滿足彼此的需求。也就是說，只有你自己覺得你的東西有價值是不夠的，還得要別人也覺得你的東西有價值才行。價值來自於滿足其他人的需求。

「價格關乎體驗……」長期研究市場的行銷專家潘蜜拉・丹席格（Pamela N. Danziger）這麼解釋，「奢華訂價的挑戰——三倍價值，卻僅兩倍價格。在奢華市場銷售東西，錢不是強勢貨幣。交易時真正的貨幣是價值，奢華的價值使東西變得特別，值得付出更多；但不能多出太多，只能多到覺得剛好。」消費者要的不只是便宜，更希望有價值，美美的 iPod 可以賣到兩倍價錢，大家還不覺得貴，就是這道理。

用金錢所衡量出來的價值是一種相對價值，而不是絕對價值。

交換價值

關於「交換」，文化評論家路易士・海德（Lewis Hyde）則提出這樣的疑問：「每個選擇以其天賦辛勤耕耘的藝術家，遲早會懷疑自己如何在由市場交易支配的社會裡存活下去。在一個價值即市場價值的時代裡，所謂的往來幾乎只是商品的買賣，如果禮物的報酬就是禮物本身，藝術家如何得到精神和物質的資糧？」於是他在《禮物的美學》這本著作中，從人類學、文學、經濟學和心理學的領域去證明，「創造性精神的往來」在藝術家的生命以及整個文化裡的功能。

藝術天賦就像禮物，你必須把它送出去才有意義。而且，收到禮物後必須以相當價值再給出去，也就是直接或間接的相互贈與。「藝術家接受了被賦予的東西

（無論是靈感或天賦），經常會有一股渴望，覺得自己不得不把作品創造出來，獻給觀眾。禮物一定要流通，『不發表就會死』……。」禮尚往來，否則你就是討厭鬼，會遭天譴！

其次，他相信慷慨把禮物給出去的人，繞了一大圈後，必定會得到回報。「真正的藝術往來是一種禮物交換……我們會繼承一個創造性不虞匱乏的靈魂、一個象徵著所有性愛交流的豐盈感受（這一點聽來不錯）、一個能蛻變媒介的作品來源，以及一個適於居住世界的觀念……尼爾森調查不會帶領我們通往那種文明……。」他認為要求商業報酬的藝術品很低級，市場終必毀滅藝術。「除非藝術是藝術家天賦的實現，除非我們欣賞者可以感受到他所承載的禮物，否則便沒有藝術可言。」

很有趣的看法吧？這充分展現了藝術家用感性來詮釋世界的特質，但卻無法說服我們他的信心由何而來。如果藝術只能由「禮物往來」的形式來交換，還是沒有解決原始的研究問題。於是，他在結論中還是不太情願地承認了，「市場是理性的散發，而理性和愛欲一樣，都是人類精神的一部分，我們不能拋棄它。」在這裡我們看到了美學與經濟論述的精彩交會。

很多藝術家雖然明瞭交換（易）是「必要之惡」，卻仍有心理障礙：辛辛苦苦創作出來的高雅藝術作品，結果卻換了低俗的柴米油鹽醬醋茶；價值「高」的去換了價值「低」的。其實，這也是個誤解。舉例來說，你剛用一百元去買了排骨便當，為什麼呢？因為那時你正肚子餓，覺得排骨便當比一百元有價值，所以你情願拿價值低的一百元和便當店老闆換價值高的便當。反過來想，老闆之所以願意拿便當和你換一百元，也是同樣的理由，他覺得一百元比排骨便當價值高。交易之後，你和老闆兩人都換到了自己覺得價值比較高的東西！

交易是一個奇妙的過程，交易雙方並沒有創造出新的東西，也沒有多花成本，卻使得彼此的滿足程度都提高了。不僅彼此更滿足、更快樂，價值總和也提高了，社會得到了更多的好處。我們學到了經濟學的第三課：**只要彼此都是心甘情願地交易，絕對沒有任何一方吃虧的道理**。交易把個人和世界連結起來。社會中每個人分工合作，各自專注於自己最擅長的工作，創造價值，滿足他人，取悅他人，然後換取自己所需要的東西。

然而，在交易市場中難免會有競爭。常常有這樣的疑問：「明明我畫得比他好，為什麼他得獎？」「我舞跳得那麼好，還要寫企畫案和那些小人搶經費？」「不公平！為什麼某某縣市對表演團體有補助，我們卻沒有？」這其實都是不明瞭競爭本質所致。道理很簡單，你若想買到最便宜的東西，最好的辦法就是叫所有賣家來比一比，誰最便宜就買誰；你若想把東西賣給最識貨的人，也是一樣，把所有想買的都叫來，誰出價最高就賣給誰！因為，最識貨的人一定會出最高的價錢，胭脂馬一定會遇上關老爺。

競爭可以使交易雙方都得到最大的利益，還可以讓資源做最有效的配置，這是經濟學家深信不疑的法則。因此，他們最怕那些標榜不為五斗米折腰，像梵谷一樣，一輩子都沒賣出一幅畫也無所謂的藝術家；就算窮得像他一樣，瘋得像他一樣也無所謂，只要能創造出不朽的藝術！

為什麼這樣的藝術家令人害怕呢？因為他們自我中心，不把整個社會的利益、別人的利益考慮進去，也不想和別人競爭，一意孤行的結果，會導致資源的無效配置，損人又不利己。

且讓我們用比較和緩的態度來理解藝術的價值。這樣說好了，藝術作品有雙重市場性：一個是在經濟市場上決定的**經濟價值**；一個是在概念市場上決定出來的**文化價值**。這兩者不一定同步。在藝術概念上進步，在文化上有深遠影響的藝術作品，不一定有很高的市場價值（起碼在梵谷、高更還在世的時候是這樣）；反之，在市場價值上很高的藝術作品，在概念和文化上也有可能淺薄（看看安迪・沃荷、村上隆被罵得多慘）。而談美學經濟，所追求的最高目標，當然是在雙重市場都要獲得成功。

最後，經濟學又告訴我們，不管什麼曲線，只要是描述人類社會普遍特徵的分布狀況，都會長得像「鐘形」，而社會階級會比較像金字塔，下層多，上層少。也就是說，大多數人的美感潛質都是「中等」，擺盪在極端之間；而藝術成分高且經濟又成功（有錢）的人少得可憐，諾貝爾級的大師一年也才一個。要追求美學經濟的成功，走的不是梵谷路，就是村上隆路。

應該很好選吧？如果你還是不知道要選擇哪條路，聽聽江南春先生講的故事——年輕時他自詡是位詩人、藝術家，在一次舞會中想邀請美麗的小姐共舞，他說：「小姐，你現在是和一位詩人跳舞。」小姐卻問道：「你告訴我，詩人與窮人有啥不同？」從此之後，他發憤圖強，把詩才用來寫廣告文案。江南春先生現在是大傳媒集團的主席，專營多媒體廣告，財富驚人。最重要的是，再也沒有小姐拒絕和他共舞了。（誰能抗拒詩人氣質的企業家！）

美學企業的命題並不「反學美」。反之，我們認為，學經濟就是學美，學藝術就得學經營；**藝術是發揮想像力的生意，而生意就是發揮創造力的藝術**，這兩者是分不開的。

「大部分的藝術家，做生意的意識非常薄弱，常常抱著相信藝術是純潔無垢的態度，既然這樣，就終生把它當興趣就好了。」曾經一度淪落到要到超商拿過期便當吃的村上隆這麼說：「藝術需要金錢跟時間，這件理所當然的事情，我在貧窮當中確切地感受到了，所以我才會這麼在乎錢。有時候，人家會批評我：『明明是藝術家，還對金錢這麼計較！』但我覺得不懂的傢伙就是不會懂！」這個勇於把藝術當生意做的人，不懼國內外的批評，大膽向銀行貸款上億在東京的精華區建立他的藝術基地兼「賣場」，創作也推銷作品。他進一步透露生存的祕訣：「想成為藝術家的年輕人，首先應該理解的是，藝術家也是一個社會人，應該在現實社會當中，強韌地生存下去。強韌才是藝術家勝利的祕訣，因為光靠才能而想要在社會生存下去，幾乎是沒辦法、不可能的事情。」

美學經濟不是新鮮事

拿美感來創造產品價值，
好像是連鄉下路邊攤小販都懂的概念吧？

美學經濟談的不只是藝術產業、藝術管理。在歐美各國的論著中，藝術（arts）的定義相當嚴謹，範圍相對窄小，通常是指繪畫與雕刻。即使沒有明確指出來，藝術家（artist）通常是指畫家。音樂家叫 musician，小說家叫 writer……都不是 artist。因此，在藝術管理的相關論著中，通常只有論述視覺藝術相關產業的原理原則，最多談談音樂、談談劇場，鮮少論及如何把藝術性帶進消費市場的產品與服務。也就是說，**藝術產業包含於美學經濟，美學經濟卻遠大於藝術產業的範圍**。

以往的創新管理（Innovation Management）研究，以經濟學家熊彼得（Schumpeter）為首，專論技術創新對產業、社會造成的影響，以及創新管理的策略與技巧等等。在這些研究中，創新是指技術創新、科技創新，而不是指藝術性的創新。若用施振榮先生的「微笑曲線」理論來闡釋，創新管理著重於微笑曲線的左側，也就是生產者創新設計的那一端；而美學經濟著重於曲線的右側，亦即面對客戶、市場、行銷的那一端。也因此，美學經濟與創新管理並不互相包含，更不互相等同。

然而，在知識經濟的時代，價值創造

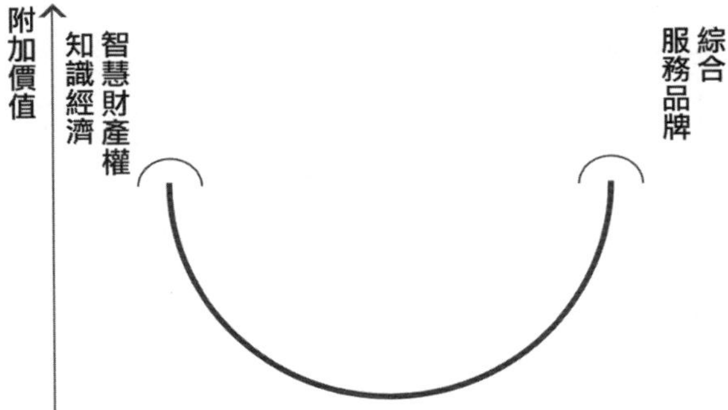

施氏產業微笑曲線

已漸漸從傳統的資本主義型態（倚賴日益稀少的土地、勞力、資本）轉變成「以客為主」的資本主義經濟型態。消費者（閱聽人、客戶）的影響力漸漸從曲線的右端往左端推進。也就是說，產品要能獲利，必須在一開始的生產設計階段，就納入最右端行銷端所必須考慮的客戶需求。現代的生產行為完全是「需求導向」：客戶喜歡美的東西，客戶想體驗美的感受，因此，藝術性、文化性的影響擴展延伸到整個產業的價值鏈；不管是價值鏈的哪一個部分，都必須在消費者的文化基礎上，做美學的創新。

依照大衛・索羅斯比教授（David Throsby）的定義，文化包含了下列特徵：

- 在生產活動中融入「創意」（creativity）
- 活動涉及「象徵意義」（symbolic meaning）的產生與傳達
- 該活動的產品含有某種形式的「智慧財產」（intellectual property）

根據這三個特徵，我們很容易可以看出，文化活動（及其產品）的創新，牽涉到一些舊材料、舊要素創意性地重新組合以產生「新」意義。也就是偉大作家聖修伯里所言：「一切真正的創造絕不是對未來的臆測，對空想與烏托邦的追求，而是從現在中看出新面目。這是從遺跡中零星接受的材料的儲存，這件事不是由你高興或埋怨的，因為這跟你一樣簡單，出生時它們就存在了。」

同理，我們也可以說，所謂的「美學經濟學」（Economics of Aesthetics）所探討的觀念，其實是幾個傳統學門的觀念互相激盪、碰撞所產生的新火花。這幾個學門包括經濟學（個體經濟學、政治經濟學、資訊經濟學）、創新管理、設計、行銷（消費者心理學）、藝術管理、文化社會學等等，談論的範圍相當廣。若真要長篇大論，恐怕用一卡車的紙也寫不完。但是，我們大概可以發現兩條很清楚的脈絡：一是經濟相關理論，二是美學相關理論，這兩條主軸原本幾乎是風馬牛不相及，互相平行，然而，比對下頁兩張圖，你會發現有趣的相似性。

「創造力就是具有強度意識的人與他的世界之間的遭遇（encounter）。」心理學家羅洛・梅這麼說。如果我們把這段話畫成圖，就是下圖這模樣。「強度意識」就是藝術家的天賦，內在的美學能力。我們常聽見優秀的藝術家謙道：「這是老天爺

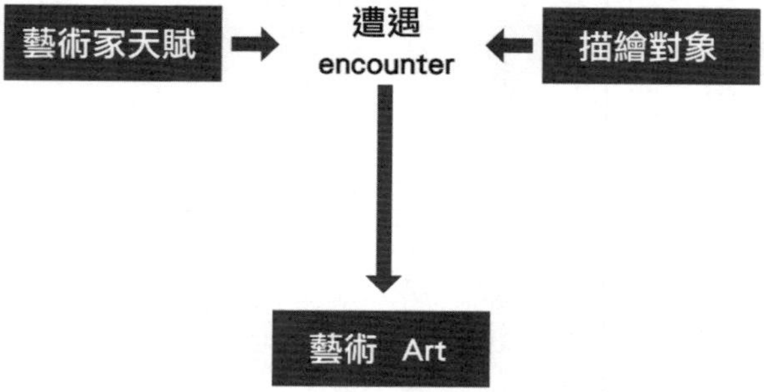

藝術創造力理論

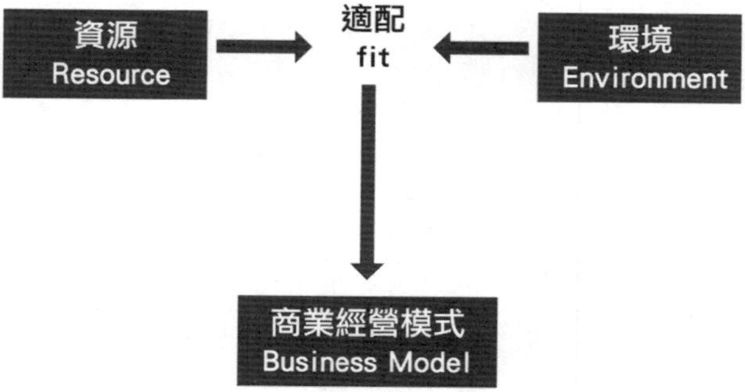

商業創新理論

給飯吃。」（有時半瓶醋的人也會這麼吹噓！）這個天賦與外界所欲描繪的對象相遭遇，於是產生了藝術，產生了美。

而在商業創新研究的領域中，有所謂的「情境理論」（contingency theory）：企業的內在資源與外在經營環境「適配」（fit），於是產生了新的商業經營模式。

這兩個圖都是「內在——外在——遭遇配合——創造」（A遇到B產生C）的T型過程：在人（組織）內部的某種東西，與人（組織）外部的某種東西相遭遇、相配合，爆出火花，產生新觀念、新模式和新玩意兒。羅洛・梅這麼描述這一個進程：「狄奧尼索斯（Dionysian）原是希臘酒神，代表生命力之迸現，擺脫既定規範，求得忘我的狂歡。尼采在《悲劇之誕生》一書中，以狄奧尼索斯精神代表充沛的生命力，並以阿波羅精神代表形式與合理秩序，認為這兩種精神相互辯證運作，然後才產生了創造力。」

這就是我們接下來會再三使用到的「辯證發展關係」概念：看似對立、不相干的兩個東西，互相遭遇，產生了衝突，進而促使對方更能適應，發展出更強大的自我。「正——反——合」，從矛盾中發展出和諧，在對抗中互相證明。

情境理論主要代表費雷德・菲德勒（Fred Fiedler），他主張沒有最好的領導者，只有最適合的領導者，世上不存在最好的經理人，而是要懂得隨情境改變自己，做個最適合的領導者。

聽起來好像很玄？舉個淺白的例子：假設這世界沒有壞蛋，那麼也就沒有英雄；沒有惡魔黨，就不需要科學小飛俠；沒有小丑，就沒有蝙蝠俠；紅色蜘蛛人與黑色蜘蛛人互相對抗著又互相證明彼此的存在！把這種關係畫成圖，就像人類的基因存在平行獨立的ＤＮＡ雙螺旋中，互相絞扭著愈拉愈長，愈拉愈高，愈拉愈強。

美學經濟的建構也需要二元觀點的整合與溝通。如帕斯楚所言，「美學要素必須結合藝術與科學、情感與認知，而非拋棄理性、擁抱感覺。」當然也不能只講邏輯和數字，而忽略了最重要的

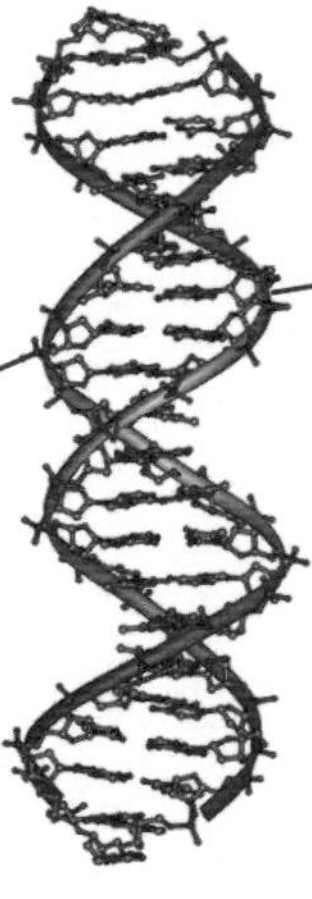

美學經濟雙螺旋

直覺。DNA雙股不能自顧自的愈拉愈長，這兩者中間必須有所「鍵結」，才能連在一起，產生承載生命的基因密碼。這基因的密碼是什麼？

是「**錢**」。

村上隆回答道：「也就是說，我發現了一個道理，金錢這道難以理解的牆，比藝術領域內的問題更接近藝術本質，是無法解決的人的業障。如果不探索人與金錢的連接點，是無法成就現代藝術的……藝術是由人類所創造的。意圖超越人類的藝術，為了超越，就必須集結許多超人類的行為。要持續維護這樣的鬥志及環境，金錢並不是沒有也沒關係的東西。」他這段話雖然令人討厭，但又不得不同意。

這就是本書書名的由來：**美學經濟密碼**。

談設計哲學，老師一定會提到奧坎剃刀原理：「如無必要，勿增實體。」理論就像比基尼，布料愈少，愈簡潔的愈好。講到這裡，我們已經把美學與經濟這兩門學問綁在一起，完整理出美學經濟這一個概念。談美學經濟就是談「如何以美感為商品創造價值」。

❖ ❖ ❖

另外，近年來有幾個新名詞都與美學經濟有關，在此對於其關聯性稍做一番介紹。

體驗經濟是談如何透過產品和服務，讓消費者體驗到更高層次的享受，也就是體驗美感；**感動經濟**差不多也是這個意思。

風格美感經濟是美學經濟概念的前身，上文已經說過。

注意力經濟是美學經濟產業中的一支，專談內容產業。在下面的章節我們會有更深入的介紹。

娛樂經濟專指娛樂產業，包括內容產業，甚至博奕、觀光、色情等等任何能娛樂大眾的產業。由於我們定義美就是令人愉悅的感覺，因此美和娛樂兩個名詞的相通性更多。所不同是，美學經濟強調的是文化性、藝術性，而娛樂經濟強調的是暫時性的刺激麻醉。

這麼聽起來，美學經濟確實不是什麼新鮮的玩意兒。拿美感來創造產品價值，好像是連鄉下路邊攤小販都懂的概念吧？在當今的社會中，哪樣產品不需要做得美美的？哪樣生意不必絞盡腦汁，出奇制勝？

確實，正如本章開頭所引的所羅門王名言：「太陽底下無新鮮事。」有許多看起來新穎的觀念和想法，古早以前人人都懂，只不過現在有人系統化地整理出來，方便學習與應用，如此而已。拿卡拉OK當例子，人人都覺得那是日本人發明的，然後台灣人加以發揚光大，殊不知它早在唐朝就是庶民娛樂——唐詩三百首在當時是拿來搭配通俗樂曲唱的，白居易之所以有名，就是因為他的詞老嫗能解，甚至還有詩人坐在酒樓上打賭，猜歌伎（即流行歌手）唱誰的詩多，還為此爭風吃醋呢！你說，那不是卡拉OK口水歌是什麼？

然而，美學經濟的研究也不應該完全遷就市場，做出完全行銷導向的定義。一來，那很容易淪為特定大廠牌的行銷文案；二來，這無法含括產品的創造與設計過程。也因此，哈佛大學理查・考夫教授所講的**創意產業**，或許是美學經濟最好的研究範疇定義吧！

如果上面談的那些東西你覺得無趣，就把它們拋開。以實用主義的觀點來看，這些名詞談的其實是同一件事，彼此間的差別可說少之又少，實在沒有區別的必要，所以就統稱為美學經濟吧！

Industries of Aesthetic Economics

Chapter 2

美學經濟的戰場

武藏在路旁看得出神，心裡也想捏捏看。從小時候起，他就很喜歡陶藝。他想，做個碗應該沒問題吧！

但是，仔細看其中一個年近六十的老翁，用小竹刀和手指頭熟練地塑著一個將近完成的碗，武藏又突然感到自己能力不足。

如果要做到這種程度，需要很大的技巧。

最近武藏的內心開始對事物有所感動。也就是對人的技術、才藝，所有優秀的能力，都有了尊敬之心。

自己連做點類似東西的能力都沒有——他剛才也清楚地領悟到一點。陶瓷場的一角有塊門板，上面放著盤子、花瓶、酒杯、盛水器等雜物，標著便宜的價錢，賣給往來清水寺進香的人。

光是做這些便宜貨，就必須投入這麼多的心血和精神。武藏心想，自己一心所繫的劍道，還有好長一段路要走呢！

——吉川英治，《宮本武藏》

美學經濟講的是**以美感創造產品或服務的價值**，這概念在各行各業都用得著。但是，由於以往定義的模糊，美學經濟產業常常與文化創意產業、藝術產業等等相混淆，為了區別，在闡述美學經濟的產業前，先就範圍和產業鏈來加以說明。

美學經濟產業範圍和價值鏈

不斷增加創意產品的附加價值，
最終傳遞到消費者的手上，將變成兩倍價錢！

美學經濟包含了文化創意產業，但不只是文化創意產業；而文化創意產業包含了大部分的藝術產業。

用圖示來解釋，更能一目了然。我們可以清楚看到，美學經濟的範疇涵蓋文化創意和藝術產業。（見左圖）

此外，我們也可以用價值的流向來觀察美學經濟的「產業價值鏈」。關於美學經濟的產業鏈，要用管理研究中供應鏈和價值鏈的概念來解釋一下。

首先，最上面的是「商品傳遞」，箭頭所指的方向，是表示美學經濟的商品（包括內容、實體產品與服務）從生產者往最終消費者流動的方向。沿著這個方向，「創作→展演→通路→各種加值產業→行銷→服務」，種種美學經濟產業形態依序排列，種類繁多，各具特色，把植基於**創意**的產品不斷地增加其附加價值，最終傳遞到消費者（或稱閱聽人、玩家、客戶）的手上，變成**兩倍價錢**。（見下頁圖）

在這一個產業價值鏈中，左端產業的附加價值主要來自於「內容」，也就是創意價值、美學價值；右端產業主要的附加價值來自於「服務」，也就是行銷價值。在個別產業中，這兩項價值來源的分布密度雖有不同，但不可

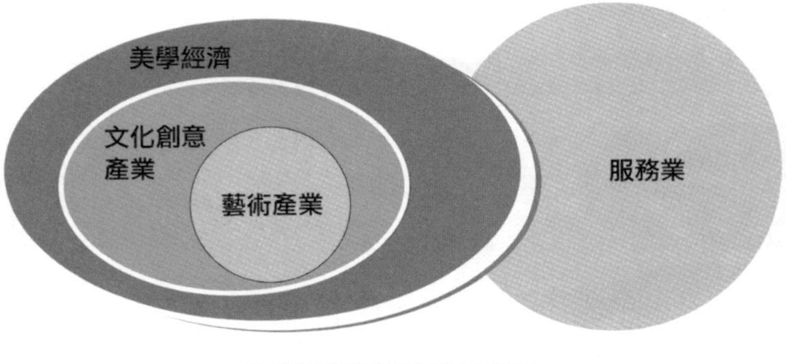

美學經濟相關產業示意圖

偏廢，相加起來，就是所謂的「金錢價值」，兩端高，中間低，與第一章所提到的微笑曲線若合符節。

若要套用到真實的美學經濟產業時，產業鏈或長或短，茲舉數例：

・在出版業中，產業鏈從上游而下，大致是「作者→出版商／印刷廠→通路商／廣告商→零售商→讀者」。作者創造主要的內容價值；出版商編輯、設計、印製、包裝，創造次要的內容價值；通路商負責鋪書倉儲、出貨暢貨，以服務創造價值；同時，

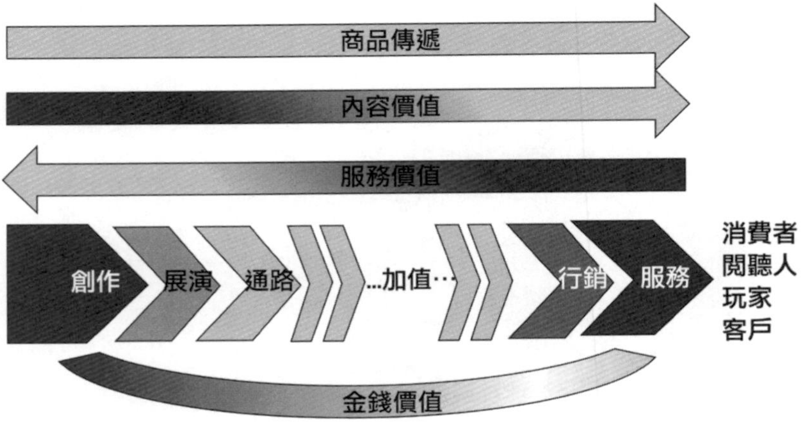

美學經濟的產業鏈

各式的媒體廣告商進行宣傳，以行銷創造價值；接下來，最終的零售書店負責擺設架位，做店面行銷與顧客服務，創造服務的價值。這其中，「利潤」（也就是創造的附加價值減去成本）的分配大致就是微笑曲線。（附帶一提，書愈暢銷，作者分到的比例就愈高。）由於科技進步，網路書店崛起，整合了通路商、廣告商、零售商，甚至是出版商的角色，這些中間業者的利潤被大幅壓縮，生存空間愈來愈小。微笑般的價值曲線就變成大笑的深V狀，但基本樣態還是沒變。

- 在影視產業中，內容的整合需求程度更高，創作者分布在產業鏈的各個環節。製作人（Producer，日本叫「監督」）是其中最吃重的角色。以電視劇為例，製作人必須從構想創作開始，找人寫作劇本、選角、找人導演、製作監督、洽談播放頻道、行銷企畫、活動設計……幾乎從產業鏈的最左端管到最右端，完全地整合，負完全的責任。如果作品能夠成功，參與其中的個人與廠商的利潤分配比例大概也是呈微笑曲線；但如果失敗的話，最虧的就是製作人。

若將眼光放大來看，拿台灣以往最自豪的ＯＥＭ產業（Original Equipment Manufacturer，原始設備製造）為例，主要是由採購方（即品牌大廠）提供品牌和設計授權，允許製造方（即代工廠商）生產貼有該品牌的產品。也就是說，品牌大廠把金錢價值最高的兩端（設計與行銷）吃掉，留下中間價值比較低的加值過程（製造、測試等等）給台灣廠商。後來，又發展出ＯＤＭ模式（Original Design Manufacturer），國外品牌大廠認為：「反正品牌的利潤是最高的，乾脆連技術設計都丟給你們好了。」於是台灣廠商包辦所有的價值鏈流程，從技術設計到製造，從通路到售後服務，但辛苦的結果卻僅有百分之三或五的利潤空間，而國外品牌大廠，只要管好美學設計和把那顆美美的蘋果往上面貼，就賺走**兩倍價錢**，你說氣不氣人？美學經濟確實重要！

理解了美學經濟的含括範圍與價值流向後，接著將就產業別予以分類，以便針對各類型產業的特色，發展出相對應的經營原則。

這個分類方式，是依「產出」來分類：**美感內容產業**專指產出無形的內容產品之產業，以資訊為主體；**美感加值產業**專指以美感為實體產品增益付加價值的產業；而**美感體驗服務**則專指美學經濟中的服務業。

針對其個別性質一一說明如下：

美感內容產業

> 每個人都有十五分鐘的成名機會，只不過現在想出名更難，你得更瘋狂刺激才行！

美感內容，是指美術（如繪畫、雕塑、造型）、文學（如小說、散文、新聞、書籍）、音樂（如歌唱、演奏、廣播）、卡通漫畫、電影電視、電腦軟體等等以資訊為主要構成的產品類型。

這一類產業是指**以創造及銷售美感內容**來創造經濟價值的產業，如果拿文化創意產業的標準

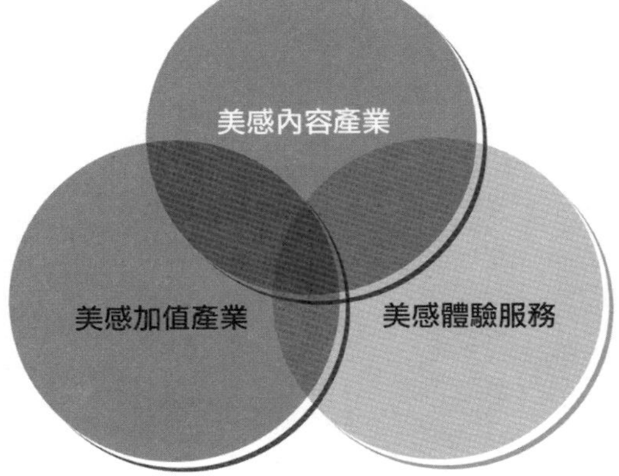

美學經濟產業分類

分類方式來看，它大概涵蓋了「視覺藝術產業」、「音樂與表演藝術產業」、「文化展演產業」、「電影產業」、「廣播電視產業」、「出版產業」、「廣告產業」和一部分的「數位娛樂產業」。（參見左表）

這一類產品與產業最重要的特色有下列幾項：

內容是王

我們去菜市場買水果時，總是會先問老闆：「一斤多少錢？」然後斟酌水果的品質，例如新鮮度、甜度、顏色等等，最後請老闆秤重量，一手交錢，一手交貨。但是我們去書局買書、到唱片行買ＣＤ，或到畫廊買畫時，卻是截然不同的過程。就拿書籍來說，顧客會願意掏錢購買一本三百頁、定價三百元的小說，絕不是因為書的頁數夠多，或印刷油墨高級，而是因為書的「內容」，是書中的故事引人入勝、合味口、好看，才讓書產生價值。

大部分的內容產品都是這種**附著在實體媒介的複合產品**，其主要的價值來自內容，而不是媒介。

視覺藝術產業	凡從事繪畫、雕塑及其他藝術品的創作、藝術品的拍賣零售、畫廊、藝術品展覽、藝術經紀代理、藝術品的公證鑑價、藝術品的修復等之行業均屬之。
音樂與表演藝術產業	凡從事戲劇（劇本創作、戲劇訓練、表演）、音樂的現場表演及作詞作曲、表演服裝設計與製作、表演造形設計、表演舞台燈光設計、表演場地（大型劇院、小型劇院、音樂廳、露天舞台等）、表演設施經營管理（劇院、音樂廳、露天廣場等）、表演藝術經紀代理、表演藝術硬體服務（道具製作與管理、舞台搭設、燈光設備、音響工程等）、藝術節經營等之行業均屬之。
文化展演產業	凡從事美術館、博物館、藝術村等之行業均屬之。
電影產業	凡從事電影片創作、發行映演、及電影周邊產製服務等之行業均屬之。
廣播電視產業	凡從事無線電、有線電、衛星廣播、電視經營及節目製作、供應之行業均屬之。
出版產業	凡從事新聞、雜誌（期刊）、書籍、唱片、錄音帶、電腦軟體等具有著作權商品發行之行業均屬之。
廣告產業	凡從事各種媒體宣傳物之設計、繪製、攝影、模型、製作及裝置等行業均屬之。
數位娛樂產業	凡從事數位休閒娛樂設備、環境生態休閒服務及社會生活休閒服務之行業均屬之。數位休閒娛樂設備，如 3DVR 設備、運動機台、格鬥競賽機台、動感電影院設備等等。環境生態休閒服務，如數位多媒體主題園區、動畫電影場景主題園區、博物展覽館等等。社會生活休閒服務，如商場數位娛樂中心、社區數位娛樂中心、網路咖啡廳、親子娛樂學習中心、安親班或學校等等。

美感內容產業（文化創意產業發展法草案之分類）

再以成本結構來看，書籍的印製成本大概只占售價比例的一至三成不等。而若以音樂CD來說，台灣是全球光碟片的主要產地，CD的印製成本甚至比書更低。再拿梵谷的油畫作例子的話，比例就更懸殊了，一張紙加油彩的成本，只占億萬分之一的價錢！

由於內容是主要的價值來源，所以藝術家們更應該專注於內容的生產和創作，而不是把多餘的心力花在實體媒介上。這是許多經營內容產業的工作者常犯的毛病！不信的話，請到書店走一遭，一定會看見不少內容空洞的小說有著精美的裝訂。孔老夫子亦曾講過「文勝於質」（外表裝飾勝過本質）、「質勝於文」（本質多於修飾）的道理，而經營內容產業要永遠記得**內容是王**，與其文勝質，寧可質勝文。

內容很難變成錢

每次新聞報導說國際拍賣會又以天價賣出某幅名畫時，那價格之高總是令人咋舌。看到買家臉上那副欣喜若狂的表情，除了怨嘆自己窮以外，總是酸葡萄地這樣想：希望他回到家以後發現那幅畫是「仿的」。且不論科技如何發達，但要仿作一幅名畫實在不是太難的事。我們假設，全世界只有買到畫的人自己才知道那是一幅仿畫（或許真畫也在他家）。那麼，有趣的事情來了，這幅仿畫現在值多少？還值不值得天價？

有人說值，有人說不值。標準答案就讓哲學家們去傷腦筋吧，反正他們閒閒沒事，就喜歡動腦筋。這裡只是想點出一個事實，內容產品之所以有價值，能被交易，能夠變成某某人的「財產」，其實並不是那麼理所當然且自然的事！

拿你現在正坐著的那張椅子來說，你能把它買來使用，當作你的財產，其實是三個因素使然：

一、家具行老闆很確定你沒辦法複製一張一模一樣的椅子賣給別人，如果別人也想要一張那樣的椅子，必須乖乖付錢給老闆，因此老闆有了努力生產椅子、好好賣椅子的誘因，這叫「排他性」（Excludability）。

二、你很確定別人如果也想坐你這張椅子，要嘛得付錢（或其他代價）給你，要嘛得付錢向家具行老闆買，絕對無法不勞而獲。因此你這張椅子對你來說很有價值。這叫「對抗性」（Rivalry）。

三、當初你去家具行買椅子時，一眼看見這張椅子就很喜歡，你很清楚你能坐在它上面，舒舒服服地讀書，所以你放心買下椅子，這叫「透明性」（Transparency）。

老闆能拿椅子換錢、椅子有價值、椅子屬於你，對於有形的財產，這是再理所當然不過的現象。但內容產品是**摸不著的**、**無形的**，一點都沒有上面談到的「排他性」、「對抗性」與「透明性」，因此，一切都變得不理所當然了。

拿歌手的專輯來說，其主要價值是來自內容，但它是否為專屬財產且能被公平交易，則有許多爭議。一來歌手無法確定你不會拷貝一份送給朋友，讓他少收一份錢（缺乏排他性）；二來，歌迷期待發行一週後會有MP3可以免費下載，因此花錢去買專輯便覺不值得，缺少了購買動機（缺乏對抗性）；第三，歌迷看到CD美美地躺在唱片行的架上，但卻不知道葫蘆裡賣的是什麼藥，怕買到一張只有一首歌能聽的爛專輯，於是不太想買（缺乏透明性）。這種**不確定**的風險是買賣雙方資訊不對等所致。

總結以上，CD很容易變得沒價值，歌手也賺不到錢，所以我們說，內容很難變成錢。

也有人因為內容產品缺乏透明性，把它稱為「經驗產品」（experience goods），意思是說，你非得用過、經驗過，才能了解產品的內涵、品質和功能。這一點就很類似服務，舉例來說，沒有接受過按摩服務，是絕不可能知道服務得好不好。這類經驗產品很難界定品質，進而難以定價、難以銷售，也很難說「曾經擁有過」，那怎麼判斷值多少錢呢？

尤其是科技進步，把內容與實體媒介分開，內容「數位化」以後，這個問題更形嚴重。盜版問題時有所聞，內容財產權爭議幾乎變成了你我生活的一部分，甚至還能上綱到人權議題，引起國際糾紛……下一次世界大戰搞不好就是因為內容財產權所引爆的呢！

還好，人類的本能就是創造，既然內容沒有理所當然的財產權，那就人工創造。首先，可以考慮為內容產品創造排他性與對抗性，例如有許多藝術家會在作品（及複本）上編號，親自（或請第三者）簽名加印，以確保每一份作品都是獨一無二的，這是最簡易基本的作法。如果你的作品或服務已經數位化，那藉由科技的幫助，保護方法就更多了：內容可以加密，以密碼保護；加上數位浮水印配合辨識技術；透過網路身分（帳戶）認證、收取費用等等，都是可行的方法。

而要解決透明性的問題，可以想辦法讓客戶在購買之前，就能對產品內容有更深入的了解。出版界常見的作法，是在書封上寫介紹文案，現在還流行加個書腰放一大堆推薦；唱片業界常提供專輯試聽，也會有主打歌、ＭＶ先在廣播電視播放；電影業界的預告片、海報廣告設計更是爐火純青，都是可以參考學習的作法。

世界上最掃興的事情是，在你買好票進戲院之前，就有人先告訴你電影結局！透露得太少不行，透露得太多也不行，這是解決內容透明性實務上最難的考量。沒辦法，內容沒有自然的財產權，只好人工創造，但人工美總是不如自然美！

內容無窮變化

有一則網路笑話，充分展現內容可以如此多變應用：

某單位徵求最短但最精彩的武俠小說。該則徵文要求：

一、要同時涉及三大門派；二、要包含江湖門派間多年恩怨情仇，又要打破世俗倫理；三、情節還要扣人心弦，腥風血雨呼之欲來；四、令人極為期待該小說之續集，同時留下許多懸念；五、愈短愈好。

結果有人投稿如下：**禿驢，竟敢與貧道搶師太！**

仔細想想，單單十個字就說明無限人情，那世上萬事萬物的組合怎能窮盡？內容產品憑藉的是人類的創意與智慧將素材加以排列組合，而組合方式基本上是無限多的。更重要的是，每一種創意作品都是「異質性」（heterogeneous）的，嚴格來說，沒有任何內容產品一模一樣，否則就是抄襲。此外，每種內容在它自己的市場上都可以說是獨占（寡占），沒有或很少有競爭對象。從消費者的角度切入，會更容易明瞭這個事實：拿電影來說，愛看武俠片的人不見得愛看文藝愛情片；拿武俠小說來講，讀金庸的人不見得讀古龍；拿金庸來說，愛看《神雕俠侶》的人不見得愛看《書劍江山》。

這暗示著內容業者與其擔心抄襲，不如專注於自己的原創性；與其擔心創意枯竭，不如專注於內容變化；與其擔心競爭，不如專注於自己原有客戶群的經營。

第一份很貴，接下來很便宜

想想你剛吃完的便當吧！老闆會賣五十元一個，是因為每份成本大概是三十元，無論是今天賣出的第一個還是最後一個，他都得一份一份地做，每份所花的成本（材料、時間、精力）都一樣。

流行天后的第一張專輯據說花了唱片公司三千萬，但專輯一旦完成，複製出第二片、第三片，以至於百萬片，每片的成本卻少之又少。

「第一份很貴，接下來很便宜」的這個特性，用專業術語來解釋就是：「固定成本很高、變動（邊際）成本很低。」因此，只要完成了第一份，供給能力可以說是無限大。

對內容經營者來說，這既是恩賜也是詛咒。恩賜的部分是，一旦你辛苦的創作開花結果，受到客戶的肯定，你便可以利用各種技術便宜地大量複製，只要坐在家中享受成果就好，就像流行天后一樣。但詛咒的部分則是，客戶總是想到你那「很低的變動成本」，而忘記了你也有「很高的固定成本」。我們常聽到網路上有人抱怨說：「明明一片空白CD只賣三元，唱片公司只是複製，卻要賣我們三百元，簡直是搶人！」因此，他們理直氣壯地下載、盜版，肆無忌憚。老實說，這個爭議目前無解，一方想透過各種手段收取「很高的固定成本」應有的回報，另一方則想透過各種手段拿到「很低的變動成本」應有的價格。其實，兩方都應該往後退一步，找到中間的折衷價格，才是根本的解決之道。

回到內容經營者的角度來思考，與其抱怨客戶不付「你希望的價錢」，不如好好利用這個特性。可以這樣想：既然已經投入很高的成本做出第一份了，擔心著收不回來，不如好好利用第二份以後很低的成本！

有些內容產品常常會被重複使用。為人父母者應該都有類似的經驗，那片《小美人魚》最起碼已經被自家的小女兒看過十次，但她還是不時要求你再去租回來看。那麼，第一次租出去時收便宜點，或者是免費，又有什麼關係呢？反正客戶以後還是會上門。愛玩股票的人常會使用股票機，而股票機通常都是前三個月免費，為什麼呢？因為它一點兒都不怕你用上手了之後，以後就不用。具有重複使用傾向的內容產品，不妨考慮這一種積極定價，甚至「半買半相送」的作法，反正客戶免費的那一部分，你也沒有多花錢嘛。

當然，你也可以把產品「分版」——貴的精裝版賣給有錢的收藏家，便宜的平裝版賣給窮學生；功能複雜的豪華版賣給專業人士，操作簡便的賣給業餘玩家；刺激驚險的賣給青少年，雋永脫俗的賣給老人。利用邊際成本幾乎是零的特性，你可以輕易地製作出不同版本的內容，針對不同族群的客戶，收取不同的價格。也許你會問，那要分成幾版好？街頭林立的泡沫紅茶店提供最好的示範：大、中、小三版。消費心理學告訴我們，給顧客太多的選擇會讓他們混淆，一般人看到大中小的選擇時，通常是選中，若是大比中貴不了多少，通常是選大（無關乎能不能吃完）。因此，店家有時候根本沒有準備小杯！

內容需求是有限的

十幾年前網路狂潮剛起，業者總是宣稱：「為公司架個網站，就好像有了專屬的電視台，可以一天到晚播放自己的廣告！」這對企業經營者來說是很有吸引力的，因為內容產品的邊際成本低，只要搞出了一套範本，把企業識別內容放上去，啪啪啪兩三下，再請設計師把網頁做得美美的，就可以搞定一個網站了。也就是說，企業只要花少許成本就真的可以擁有一個專屬的頻道（要弄個真正的電視台，少說得要幾億才能）！

但這個生意當然是失敗的。在資訊爆炸的時代，大部分人看電視都是拿著遙控器上下選台，精彩有看頭的節目才看，無聊的就轉台。更何況是擁有看似無限選擇的網路？

人力有時而窮。目前，台灣的電視頻道有百餘台，但你或許不知道，電視上的那條有線電視電纜最多可以傳輸五百台！若是一個頻道只看三秒，把五百個頻道全瀏覽一遍，剛好是一齣連續劇的時間，也就是說，若是你運氣不好，會錯過當天最好看的節目。而站在書店五花八門的書架前，更是有股無力感。各式網站就更誇張了，數量以億萬計！

內容產品消費的是人們的注意力，而注意力是有限的。任何一個人最多只有一雙眼睛，一天二十四小時而已，再怎麼努力，也只能看有限的電視、有限的書、有限的網站。因此，當內容的種類與數量愈來愈多時，頂多只是分散原來就有限的注意力而已，並不能增加新的注意力。舉例來說，三十年前全台灣最熱門的電視節目叫「楚留香」，收視率高達百分之七十；而現在，台灣收視率最高的節目，永遠是某台的八點檔。有多高？百分之二至四而已。

我們應該這樣想，在注意力有限的狀況下，注意力不是用來接收資訊的，而是用來篩選資訊。雖說社會整體的注意力被分散，但是安迪•沃荷所說的「每個人都有十五分鐘的成名機會」還是成立，只不過想出名更難，你得更瘋狂刺激才行。

守門人

內容太多、注意力太少導致「資訊超載」（information overload），因而在內容產業中，形成特殊的「守門人」（gate keeper）結構來因應和平衡。守門人的出現來自於內容消費者的需求。因為內容太多無法全部吸收，所以消費者自然會期盼有某些人能先為他們篩檢一次，減輕選擇的負擔。

這就是出版社、報紙、藝評藝廊、廣播電台、電視選秀節目、入口網站等等攔在直接消費者與內容生產者中間的守門人產業之所以能夠存在的最重要理由。有人樂觀地認為，隨著新媒體如部落格、影音網站的興起，這種守門人結構終將被「去中間化」（disintermediary），內容生產者就能夠直接接觸到消費者，而不用被層層剝削。但是這話其實言之過早，而且言不成理，因為內容愈來愈多，甚至呈倍數增長，但注意力（人口數、吸收力）並沒有增加得那麼快，幫消費者篩檢內容的守門人結構只會更形重要。

「多即是少，少即是多。」用這句話來描述守門人結構的重要是最適當的了。過多而無法吸收的資訊，相當於沒有資訊，而篩檢後呈現出來的好內容，才能給消費者最大的滿足。當然，這麼說一定會惹毛一大堆藝

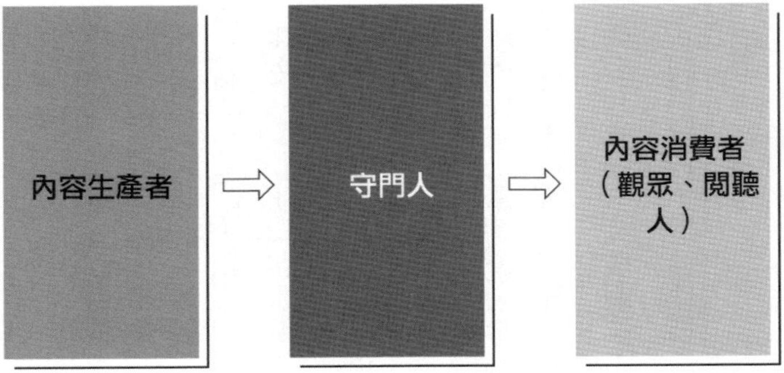

內容市場的守門人結構

術家，因為和出版社、藝廊等中間人交涉的過程，通常不是什麼愉快的經驗。（相信我……我了解被退稿的痛苦。）

「文無第一、武無第二。」上一章曾提過藝術的主觀性，也就是說藝術家總是認為自己的作品最棒，被退稿退貨完全是守門人的問題。這個看法一半對、一半錯：對的部分是，當守門人與內容生產者的「利益不一致」（誘因不相容）時，很容易就因為守門人自我的利益而拒絕內容生產者，比如說，讓你的作品刊出會損害他的利益（試想你寫了一篇諷刺當局的好文章想投到御用媒體），或者讓你的作品刊出對他沒利益（試想報紙編輯刊出你的小說，自己應該拿不到錢吧）。如此一來，甚至可能產生內容產業守門人「腐化」的問題——電台ＤＪ接受歌手的賄賂而猛播主打歌；國內也曾經發生過唱片公司買榜，跑到唱片行去狂買自家歌手的專輯來製造銷售量，甚至直接贊助專辦排行榜、收視調查的公司來換取高收視率；媒體接受置入性行銷，收錢刊登新聞；記者拿宣傳文案當新聞稿照抄，這種種都是曾經發生的案例。

經濟學家解決這種利益不一致的問題，所用的方法不是透過道德訴求，而是想辦法讓守門人與消費者的利益一致，讓消費者直接參與篩檢的過程，例如網路投票，或讓消費者評鑑守門人。然而，制度是死的，人是活的，尤其台灣人的腦筋更活，效果可能沒有想像中的好。但從內容生產者的角度來想，這或許也有經營的啟發！

內容生產者與守門人的關係緊張其來有自，他們就像怨偶一樣，互相看不對眼，但又得共同生活。有作家甚至揶揄：「只有寫不成小說的人才會幹編輯。」但你應該心裡有數，守門人之所以拒絕讓你入門，大部分時候只是因為你的東西不夠好。這個問題，除了內容生產者以外，別人幫不上忙。或許，你可以轉而找其他的守門人試試，說不定真是守門人看錯呢！前一陣子有媒體報導，研究人員把作家維吉尼亞・吳爾芙（二十世紀美國最棒的小說家之一）的名作抄一抄，以虛構筆名投稿到各大出版社，結果出版社編輯沒認出來也就罷了，居然還寫了文情並茂的退稿函！可見，目前守門人的水準有待加強。（心情有沒好一點？）

從內容產業列表（見九十五頁）可以發現，有一大半的工作種類屬於守門人。這其中，有些工作是財源滾滾，門庭若市，有些卻是苟延殘喘，門可羅雀，究其原因，是由於「內容很難變成錢」的財產權特質所產生的根本性差別。比如說經營藝廊與舉辦影展，前者由於畫作雕塑通常「附著」於實體媒材，經營的困難性在於展演場所、儲存條件、運送困難等等，但只要賣出作品，鐵定可以從消費者手中拿到錢；而後者正好相反，由於內容與媒材的附著程度較低，甚至是全數位化，所以展演儲存運送都相對容易得多，但觀眾也比較容易跳過守門人，從別的來源取得內容（比如說盜版），造成內容與收入不均衡的狀況。就拿影展本身來說，沒聽過有賺錢的，多是由內容生產者或第三者來贊助。

數位時代的來臨，對守門人產業不僅是個危機，也是一個轉機。因為數位化的技術與工具，大大地降低了成本。舉例來說，以前的書店受限於有限的架位，必須花費更多的精力來篩檢陳列書籍，而這一切工作都必須依靠人力，而且人的素質還不能太差，這意味著很高的人力成本。然而，網路書店卻可以以近乎零成本的方式，盡情陳列上百萬的書籍種類，篩檢的負擔於是降低了。

這也造成了另一個影響：以往由於實體陳列架位有限，一定得把最顯眼的架位讓給最暢銷的產品，一些較冷門、小眾的內容產品永無出頭天，而且消費者的口味多變，有時出版者認為應該會暢銷的產品不見得暢銷，很容易造成人家想買的你不見得有賣，你賣的人家不見得想買。套用經濟學術語來說，就是「市場無效率」，也叫做「斷尾效應」，意思是，很多銷量較少的優質產品被迫斷去。現在則沒有這個問題了，你大可把所有的內容產品全放在網路平台上，提供良好的搜尋機制，讓消費者自己去挑，青菜豆腐各有所好，再也不用犧牲任何小眾品味（我真懷念以前中華路的小唱片行，什麼怪歌都有）。

總之，從事這些行業，除了專業態度、審美眼光之外，更需要理解行業的本質：**為消費者把關，篩檢出好的內容，這才是終極的必勝之道**。

美感加值產業

> 我們要求實用的美、令人驚嘆的美，我們用來過生活的東西全都要美美的。
>
> ——艾爾莫・卡爾金（Earnest Elmo Calkins）

所謂的美感加值產業，是指「**主要價值來自實體產品，附加價值來自美感內**

容」的產業。與美感內容產業相同的是，內容一樣附著於實體產品，但價值來源的比例不同。寬鬆地說，所有具有「實體」產出的產業都屬於這一類。跨世紀的廣告大師卡爾金認為，「製造商將無法再以功能良好、但外觀醜陋的產品自滿。」因為隨著收入增加，消費者對於生活品質的要求日益提高，實體產品的功能受限於科技的進步程度，而美感的進步卻是無疆界的。

如果以文化創意產業的標準分類方式來看，它大概涵蓋（但不等於）了「設計產業」、「時尚品牌產業」、「建築設計產業」等等（如下表）。

設計產業	凡從事產品設計企畫、產品外觀設計、結構設計、原型與模型設計、流行設計、專利商標設計、品牌視覺設計、平面視覺設計、包裝設計、網頁多媒體設計、設計諮詢顧問等等行業均屬之。
時尚品牌產業	凡從事以設計師為品牌之服飾設計、顧問、製造與流通之行業均屬之。
建築設計產業	凡從事建築設計、室內空間設計、展場設計、商場設計、指標設計、庭園設計、景觀設計、地景設計之行業均屬之。

美感加值產業

這類產品與產業最重要的特色有下列幾項：

外表和內涵一樣重要

希臘的英雄神話有個有趣的現代變形：很久很久以前，有位年老的國王想為年輕、英俊又有錢的王子選王妃，消息一傳出去，全國適婚女性蜂擁而來。經過一番廝殺，最後只剩下三位美女候選人。第一位是個氣質高雅的名音樂家，像慕特；第二位是家財萬貫的女企業家，像芭莉絲；第三位是鄰國的獨生女公主，像愛子，娶了可以繼承兩國王位。王子挑了又挑，選了又選，考慮好久，結果是國王先不耐煩，問他到底要選哪一個？

王子吞吞吐吐，不好意思地回答道：「胸部最大的那一個！」

不要嗤之以鼻，也不要不好意思，既然「美是一種生理需求」，就表示說除了基本功能以外，人人都希望自己得到的東西還要具有美感的價值與意義。**外表和內涵一樣重要！**

對美感加值產品來說尤其如此。我們先前提過的那家公司，不論是手機、個人電腦、遊戲機、MP3 播放機也好，樣樣都把它做得美美的，樣樣都能賣兩倍價錢，其實是不無道理的。很簡單嘛，一倍價錢是給產品的功能內涵，一倍價錢是給產品的外表美感，十分公道。

台灣人熱中政治，從這裡也最能觀察出大眾的品味表現——不知道你有沒有發現，候選人當中俊男美女愈來愈多了。夏天海邊穿比基尼的女郎也逐年增加了，不是嗎？而對企業來說，就如同帕斯楚所言，「美的創意就像技術創新一樣重要，也和經濟及社會進步一樣具有指標意義。」統一規格、大量生產的時代已經過去，現在沒有一個老闆敢說那種「你要什麼顏色都成，只要它是黑的」這種大話，否則就等著被消費者淘汰！

耐久性與揮發性

歌德說：「凡是暫有的事物都只是象徵。」

尼采反過來說：「凡是永恆的事物都只是隱喻。」

這兩句話聽起來好像互相矛盾，實則不然，他們在說的是同一件事：事物具有

「**永恆**」與「**暫有**」的雙重性，這兩項特質互為表裡。

耐久性是指「價值不隨時間（或外在情境）流逝」的性質，也就是所謂的藝術不朽。**揮發性**是指「價值隨時間（或外在情境）消失」的性質。就拿被塔利班炸毀的巴米揚大佛為例子，我們看到了實體可以被摧毀的揮發性，但大佛的形象卻永遠留在世世代代人的心中，這就是內容的耐久性。再拿七分老爺褲作例子，流行熱潮一過，街上就沒人穿了，我們看到了內容價值消失的揮發性，但褲子的實體還是存在，老闆穿來賣麵，方便又耐穿，這就是實體產品的耐久性。

美感加值產品的耐久性與揮發性正是這麼回事，產品本身有內容與實體的雙重性，耐久性與揮發性變成一體兩面，但不一定一致。也就是說，有時是產品的實體部分耐久，內容部分揮發；有時則正好相反。因此，我們在分析這類產品的價值時，不僅要注意其主要價值到底來自於內容，還是實體？還要再進一步了解，價值的來源到底是耐久性或揮發性？並針對此設計不同的經營策略才是。

套牢

套牢（Lock-in Effect）意指消費者必須付出相當的成本，才能完成品牌、系統或技術的轉換。仔細推敲這一句話，我們發現原來屬於生產者的成本，被轉移到消費者身上了。在美感加值產品上，由於上述的內容耐久性與實體耐久性的不一致，特別容易發生套牢現象。有時內容的價值消失了，實體的價值還在（或正好相反），因此消費者捨不得丟棄還有價值的那部分，因此不知不覺或被迫套牢了。

耐久產品的套牢現象也常發生在產品本身各部分的消耗程度不一致時。舉例來說，刮鬍刀片用鈍了，但刀柄還在，因此下次還是得買這個牌子的刀片；墨水用完了，印表機還在，因此下次還是得買這牌子的墨水匣。這叫「互補品」的套牢。

產品的美感成分愈高時，套牢現象往往愈明顯。拿○○七電影作例子好了，三十年下來換了五、六個主角，就是換不掉寶馬車，而且都要喝搖的馬丁尼（最近幾集終於換掉了，一堆人卻說那不是○○七）。寶馬車跑得特別快，坐起來特別舒服嗎？不見得。用搖的馬丁尼比用攪的好喝嗎？那更瞎了。○○七被套牢可能單純只是為了習慣，另一部分則是想呈現特殊的品味，塑造自己的風格，完全是美感在作祟。

商源稀少也可能造成套牢。某樣東西你就是找不到或很難找到替代品。這種商源的特殊性，最容易用美感塑造出來，對老婆說「看來看去還是妳最美」就是這個道理。消費者的轉換成本愈大，代表套牢的程度愈深；對產品系統的依賴性愈強，也就意謂著消費者對廠商的價值愈高。因此，**升高消費者轉換成本，加深套牢現象**，也是我們經營上的施力點。

消費者的「忠誠」是可以塑造出來的，航空公司的里程累積、信用卡的紅利積點都是可以學習的好例子。基本上，消費愈多，回饋點數愈多，而這些點數消費者又沒法拿去別處用，套牢的程度就更深，也就愈忠誠。當然，這種作法也有可能造成消費者的痛苦。

最後一種套牢型態，我們要討論的是「社群」（community）造成的套牢現象。這在所有的產品類型都有可能發生。因為產品具有某種把人和人**連接**（無論是心理的或物理的）在一起的功能，人們得以互相溝通，尋求彼此的認同，因而產生了社群。比如說網際網路的虛擬社群、手機形成的親友連絡網、卡通漫畫同好等等，都會形成一個小團體社群。當某個成員想要離開，轉而使用其他品牌的產品時，他得被迫考慮重新建立或參與新社群的成本，因此促成套牢現象。社群的套牢在美學經濟中是一個很重要的套牢形式，因為社群參與者在資源的獲取與交換上，可以充分地降低資訊搜尋成本與交易成本，使得買賣雙方都能在交易中獲得利益。因此，**消費社群的經營成為美學經濟的關鍵成功因素之一**。

外部性

你把房子修繕得美輪美奐，不只自己心曠神怡，連鄰居、路過的人看了也高興，這就是美的外溢效果，經濟學上稱為正面的「外部性」（Externality），也就是說，除了交易雙方以外，還有第三者享受到了交易的好處。反之，若是因為你的行為，而使其他人蒙受損失，就稱之為負面的外部性。

美感加值產品特別容易產生正面的外部性，因為不管是內容或是實體的設計，基本上都是為了讓人聽到、看到、感受到。事實上，也很難、甚至無法阻止第三人享受產品帶來的好處。舉例來說，你花錢買名牌華服穿在自已身上，觀賞的是其他人；路邊攤的檳榔西施不僅讓紅唇族解癮，路上的司機也全都能提神醒腦。

網路外部性（Network Externality）意指「產品對個別使用者的價值隨著總使用人數而增加」，又稱為「網路效應」（Network Effect）。這種特質一般可在以網路形態構成的產品中找到，包含電話服務、傳真機、高速公路路網等等有硬體連結的網路；或者是檔案交換格式、軟體作業平台、網路傳訊工具等等以軟體連結的網路；或者是語言、社交圈、品牌認同等等以社會化、心理層級所構成的網路性產品，都具有網路外部性的特質。

從市場的角度觀察，網路外部性使得產品的使用者基礎（installed base）成指數型態的增加，因為每一個使用者都可以藉由「推薦新使用者」的方式來增加自己已經擁有的產品之價值，我們稱之為「感染」。感染的結果是生產者不需增加行銷的成本，就能經由已經採用產品的社群來自我繁衍、增殖使用者基礎，坐享市場擴大的利益，這個現象稱為「正反饋循環」（Positive Feedback）。觸發正反饋循環是廠商獲得超額利益的重要關鍵。

某一系統的使用者愈多，對使用者而言價值愈大，終可能導致大者恆大，弱者愈弱的現象。

由於外部性是交易以外的第三者所享受（或承受），等於是交易者無端損失（或沒負擔應有的成本），事實上並不公平。要解決這個問題，最直接的方式是「外部成本（效益）內部化」，第三者必須使用者付費。也就是說，工廠污染環境就罰錢，電信公司挖馬路應該付費，因為他們的行為，使居民或用路人蒙受損失（負面的外部性）；反過來說，妳穿比基尼到海邊，所有眼睛吃霜淇淋的戲水客也該付錢給妳才是。

先占先贏

由於套牢與外部性的雙重影響，因此某些產品市場上常會有「大者恆大，小者恆小」的現象，已經先占據某一群臨界數量的產品會快速地成長，而導致後進入者無從施力。我們在電視遊樂器、手機、電子郵件等等市場，都可以明顯看到這個現象。

先占先贏！如此一來，產品進入市場的時機就更形重要了，尤其是在內容產品的市場上。舉例而言，伍佰是台客搖滾的教主，因為他最早出現，占據了歌迷心中第一名的地位，使得後來模仿他風格的搖滾歌手，即使真的唱得更好，也全變得沒有意義。（本書作者是「台客武俠」的教主！）

這對創作者而言有很深刻的啟示：不要模仿別人！

還記得十幾年前文壇上的「村上風」嗎？許多作家一窩蜂地模仿暢銷作家村上春樹的風格，到頭來，只剩下村上本人還屹立不搖，其他的全死光了。另一位村上先生（村上隆）則直言：「在藝術的領域中，追隨者是沒意義的……或許可以賺到小錢，但小錢只是小錢。小錢不僅自己將來無法生存，也只有少數人會感到喜悅……『有好作品出現』、『形成革命』這些也許都需要伴隨著『速度』。」所以，你能創新還不夠，還要能早點做！

美感體驗服務

> 一樣的咖啡，由可愛妹端出來的就特別好喝，人時地物的情境獨特性，使服務無法複製！

行銷大師科特勒（Philip Kotler）是這麼定義「服務」的：一項活動或一項利益，由一方向他方提供；本質上是無形的，也不產生任何事物的物權轉變。服務是無形的，不僅摸不到，還看不到。與看得到又摸得到的實體產品，以及看得到卻摸不到的內容比起來，性質截然不同。

以文化創意產業的標準分類方式來

數位娛樂產業	凡從事數位休閒娛樂設備、環境生態休閒服務及社會生活休閒服務之行業均屬之。 數位休閒娛樂設備，如 3DVR 設備、運動機台、格鬥競賽機台、動感電影院設備等等。 環境生態休閒服務，如數位多媒體主題園區、動畫電影場景主題園區、博物展覽館等等。 社會生活休閒服務，如商場數位娛樂中心、社區數位娛樂中心、網路咖啡廳、親子娛樂學習中心、安親班或學校等等。
創意生活產業	源自創意或文化積累，以創新的經營方式提供食、衣、住、行、育、樂各領域有用的商品與服務。

美感體驗服務產業

看，它大概涵蓋（但不等於）「數位娛樂產業」、「創意生活產業」等等（如下表）。

服務具有「不可分割性」，實施的時候，服務者與被服務者必須同時在場，例如按摩師與被按摩者、媽媽與洗頭妹、觀光客與導遊、乘客與司機，必須是同時、同地，近距離互相接觸。因此，服務的品質常常和人與人（或是人所操作的設施、人性化的機器）互動的感覺有關。

服務常常是一對一發生的。同一時間內，只能由一位服務者服務一位顧客，其他的顧客必須等待，這是服務品質的第一個變數。因為對大多數顧客來說，等待基本上不是一件愉快的事，非常有可能在接受到服務之前，就已經因為等待而對服務者產生不好的印象，影響到服務的滿意程度。尤其是對服務的享受期待愈高，失望往往就愈大。到過迪士尼樂園的人，一定對熱門遊樂設施前的人龍印象深刻——在烈日下蒸烤一兩個小時，只能享受到兩分鐘的刺激，若不是迪士尼的品牌撐著，恐怕早就倒店了。相同的道理，經營美學經濟更要注意，在你把東西做得好吃、把服務弄得超奢華之餘，請注意店門口是不是提供了舒適的等待座位和冰涼的紅茶點心。

也因為一對一的緣故，服務的品質變異性高，常因服務發生的時間、地點、對象不同而產生差異。冬天或夏天吃火鍋應該是全然不同的體驗，在大眾池或個人湯屋泡溫泉也是感受不同，甚至明明是一樣的咖啡，由穿女僕裝的可愛妹端出來的就是特別好喝。就是這種與人時地物相關的情境獨特性，使得服務無法複製，也無法儲存以後再用，控制服務的品質也愈形困難。某某服務員特別親切，但你沒辦法再找到一個一模一樣的，也沒辦法請他趁年輕有空時多做幾次存起來以後賣，不是嗎？雲門舞團經理葉芠芠曾經談到表演藝術就有這樣的「易逝性」(perishable)，「簡單地說，就是活生生的人（表演者）演給活生生的人（觀眾）看，它的特質是無法如電視節目或是電影般大量複製，因此這麼多年下來，也只會有一個雲門，一個屏風。」

這是先天的限制，要克服的是如何因應顧客的感受做適當的調整。比如說，我們可以發現到生意好的火鍋店，冷氣一定開得特別強，就是這個道理。

從經濟學的角度來看，服務和內容一樣，都是典型的「經驗產品」。服務好不好，得要真的用過才知道，消費者是不可能事前得知的。這個特質造成消費者購買時再三猶豫考慮，降低了消費動機。但服務比內容產品更困難的是，內容產品是由資訊所構成，只要想辦法增加資訊的透明性，就可以相當程度地改善購買動機的問題。然而，服務卻是人對人的關係，牽涉到私密性、隱私權、情緒等種種人性問題，這與透明的要求恰恰相反，造成經營上的困擾。好比說，按摩服務業者絕不可能把顧客放在透明玻璃窗前展示，讓路人看看他陶醉的神情。那麼，新顧客又要如何知道你的服務一級棒，而願意上門光顧呢？

顧客關係，尤其是長期關係的培養和保持，成了美感體驗服務經營的重大關鍵。美容美髮業、酒店業素來有「指名」制度，直接把服務者與被服務者做連結。對經營者來說，這種制度有優劣兩面：好的一面是，由熟悉顧客的服務人員來服務顧客，自然而然比較容易抓到顧客的需求，提供較滿意的服務；壞的一面是，這種人與人的連結常常高於品牌的認同，旗下的小姐走人，客源也跟著流失，是司空見慣的事情。

可想而知，經營美感體驗服務業，勢必是人力密集、勞力密集，也就是說，人力成本將會占支出的大部分。這包括人才的選用、訓練和汰補，以及一大堆相關的契約、法令規範，甚至還有無窮無盡的情緒問題等著你去處理。在服務管理上，員工被稱為「內部顧客」，老闆必須先使服務人員滿意，才能使顧客滿意。而員工不比是機器，只要定期上油或更換耗材即能打發，於是形成經營上的另一項艱鉅挑戰。但反過來說，美感體驗服務賣的是消費者的體驗，是服務者自己的美感、智慧和創意等人文因素在決定服務品質，並不存在競爭者複製的問題。**只要你把顧客關係搞好了，誰也搶不走你的這門好生意！**

Success Factors of Aesthetic Economics

Chapter 3 美學經濟的關鍵成功要素

麵粉、糖、牛奶、奶油⋯⋯

再加一個蛋、兩個蛋、三個蛋，

想做個生日蛋糕，不過就那麼簡單。

——迪士尼兒歌

這一章我們要來談美學經濟概念下的產品如何產生價值（或效果），也就是經營美學經濟的關鍵成功要素，更進一步，還要提出一個必勝公式，只要你像兒歌所說的一般，把這些要素加進去，一步一步照著做，就有成功的希望。

很多人都看過《達文西密碼》，甚至曾為了書中那個引人入勝的聖杯追尋故事徹夜不眠吧？故事由羅浮宮外面那一座巨大的三角形玻璃建築（那可是我們華人之光貝聿銘建築師設計的）開始，再轉到陳屍於倒懸三角形下的博物館長，主角經歷了一段令人驚心動魄的冒險旅程，逐漸解開謎團，最後又回到最初的三角形下……。

在神話研究中，正三角形是「刀刃」，陽性的象徵；倒三角形是「聖爵」，陰性的象徵。正反三角形合起來，正好是猶太教的大衛之星。這個符號源自於古印度軍荼利瑜伽，象徵人體正中的第四輪，也就是忍者漫畫裡能讓你飛天遁地的查克拉（Chakara）中心。正三角形象徵的陽性力量與倒三角型象徵的陰性力量合一，就可以打通任督二脈，把「宇宙力量」，包括力量、能力、才能、勇氣、王權（生殖力）、創造力、語言能力等等都發揮出來，無堅不摧，所向無敵，好厲害的。

我們要借用這個蘊藏偉大能力的六芒星，來說明美學經濟的六個關鍵成功要素，分別是：**品牌、設計、服務、奢華、新奇、認同**。

先看向上的正三角形，三個頂點代表陽剛顯性的三個經濟要素，分別是品牌、設計、服務。依神話學大師坎伯（Joseph Campbell）的說法，這三角形代表著「熱望」（aspiration），是運動原則的象徵。藉此，產品得以展現經濟價值。其中，設計與服務所產生的價值，匯聚到最尖端的品牌中，成為美學企業的象徵。

尖端向上的三角形是顯性的指標，可以用來評估企業的美學經濟能力——也就

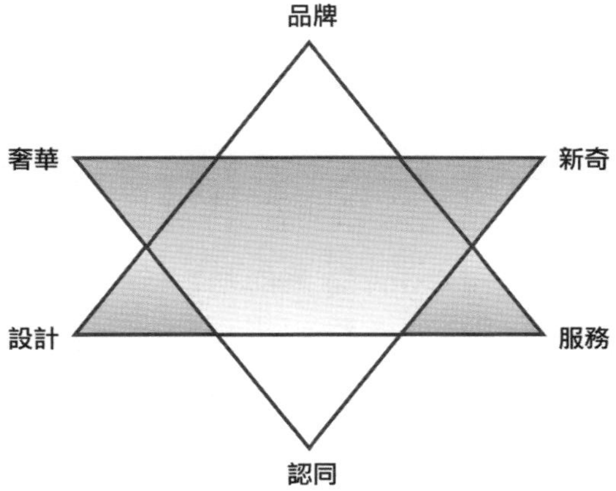

美學經濟經營的關鍵成功要素

是**品牌力、設計力與服務力**。這三項能力的良窳，決定了企業經營的成敗。

而尖端向下的正三角形，代表陰柔隱性的三個美學要素，分別是**新奇**、**認同與奢華**。那是隱藏在產品經濟價值以及企業展現經濟實力背後的三個潛在美學要素。在軍荼利瑜伽中，這個倒三角形是代表宇宙伊始的「女陰圖象」。經過無限的時間，孕育生命的火種。然後，火種在此成熟、降生，為最初的人類。

經營美學企業需要三個軟實力，亦即**奢華**、**新奇與認同**。產品要能夠滿足人們追求奢華的渴望、不斷尋求新奇刺激的需求，以及讓人們在使用你的產品時，認同你所傳達的價值與理念，因而變成與你「同一國的」。然而，對傳統企業經營者來說，這三項要素可能是一種障礙，是難以理解的，更是與產品功能毫不搭軋的價值——麵包只要能填飽肚子，何必做成新奇可愛的造型？衣服只要能遮體保暖，何必印上革命英雄的大頭？而上班族何必花一個月薪水買和老闆娘一樣奢華的包包？

坎伯的說法是：「朝下的三角形則是遲鈍的睡眠狀態，代表可能的障礙或開放的門。」如果你覺得無法理解，想一想女陰：企業經營不就和追女朋友一樣，千方百計就是要突破所有可能的障礙，進到那開放的門！這隱含了一個奇妙的心理轉化過程，如果你能想通以前無法理解的價值，接受以前無法接受的觀念，那裡就是成功的契機。（有些祕密教派要教徒吃大便，或要教徒與陌生人男女雙修……其實都是想突破這個心理轉化障礙的手段。）

你注意到了嗎？向上的三角形與向下的三角形，它們的尖端是兩兩成對的。品牌的價值來自於消費者的認同；服務的價值來自於消費者體驗到身心解放的奢華；設計的價值來自於滿足消費者新奇的心理需求。因此，我們提出「美學經濟的價值公式」如下：

（品牌＋設計＋服務）X（奢華＋新奇＋認同）＝美感＝$

美學經濟的關鍵成功要素在於超越「理性」與「感性」的二元對立，把正三角形的**經濟要素**與倒三角形的**美學要素**結合起來。如果你是企業家，要懂得接受消費者新奇、奢華、認同的感性主張；如果你是藝術家，要試著接受企業經營品牌、設計、服務的理性要求。一旦超越了自我經驗的侷限，就可以在美學經濟的雙重市場性，獲得巨大的回報。

品牌與認同

所有商品必須要有故事，讓他們覺得值得用金錢去下賭注。

——村上隆

美國行銷協會（AMA）將品牌定義為：「一種名稱（name）、術語（term）、符號（symbol）、標誌（sign）、設計（design），或上述的綜合體，其目的用以辨別賣方和競爭者的產品或服務，並可和競爭者的產品或服務有所區別（差異化）。」

從接受美學的觀點來說，美是在觀眾接受、感受、參與了以後才成立的。也就是詹偉雄先生所言：「把商品符號價值完成的後半段任務，交給消費者來完成。」我們在分析品牌價值的來源時，必須以消費者（亦即受眾）的角度來分析，檢查品牌到底為他們創造了哪些利益。這樣的利益大致上有兩大類：**功能性利益**與**情感性**

利益。

功能性利益與產品功能、品質密切相關，能直接提供消費者某些功能上的滿足。舉例來說，3M就代表了創新和便利。該公司各式各樣的日常生活用品，幾乎都是平地一聲雷、前無古人的創新商品，大大改善了消費者的生活與工作品質，以致於幾乎沒有人記得那三個M是代表「明尼蘇達礦業公司」。相同的道理，Giordano代表著便宜耐穿、Banana Republic代表休閒奢華，這些都是品牌提供功能性利益的好例子。

另外，非領導品牌也可以藉著「另立典範」(different paradigm）來創造與領導品牌全然不同的功能利益。如Amazon網路書店，它起初只是一個完全沒法打入主流書市的小角色，藉由提供顧客創新的服務類型，大幅減少顧客的購書成本，現在不僅成為新的典範，而且是全球最大的書籍通路商。西南航空（South-Western Airline）原本也只是一家地區性的小航空公司，但藉由重新規畫航路，提供新型態的機上服務以縮減成本，進一步打下廉價航空的天下。以上這些都是創新事業模式以塑造新品牌價值的好例子。

更有趣的是**情感性利益**，因為那往往與消費者內心的感性價值以及美學價值密切相關。舉例來說，美國運通卡主打的口號是助您「成就更多」，暗示用了他們家的信用卡，身分地位好像都提高了，同樣的錢可以買到更多更好的東西，更有成就；而ＭＳＮ的「where do you want to go today?」也有類似的含意。

消費者心理學家蘇珊・佛朗妮提出了幾個品牌與顧客關係的構面來分析品牌的情感性利益，我們以領導品牌的實際作法來加以說明：

- 獨立行為：品牌代表生命中的重要角色。最典型的即為**象徵型品牌**（Icon brand），其常常會表現出個人的情感認同，甚至象徵了國家民族的文化形象。舉例來說，沒有比米老鼠更強烈的文化英雄形象了。
- 個人承諾：品牌代表著能隨時間持續改善的品質，亦即**實力型品牌**（Power brand），透過不斷改善產品品質來維繫其領導地位。如吉列牌刮鬍刀，雖然已經擁有了絕對優勢的市占率，還是不斷推出更高品質的新產品。一開始是雙刀片，後來變成三刀片，十八刀片指日可待；一開始是鋼刀，後來變成鎢鋼刀，鑽石刀也指日可待。

- 愛與激情：強調沒有其他的品牌可以完全取代。這是**奢華型品牌**（Luxury brand）的普遍展現方式，為消費者實現奢華的幻想。比如說「鑽石是女人最好的朋友」，以及瑪麗蓮夢露那句經典名言：「除了香奈兒五號香水，我什麼都沒有穿。」
- 懷舊連結：讓人回想起某些美好的片段。萬寶路的西部牛仔形象、黑松汽水的童年回憶等等，都是很棒的範例。
- 自我概念連結：提醒消費者我是誰。這類**身分型品牌**（Identity brand）以塑造使用者形象來建立顧客關係。BMW有一則廣告很有意思，車主打開後車廂，放進高爾夫球具，不是球棒也不是籃球，而且乘客座的女伴腿長最少四十吋……這就是江湖地位，什麼話都不用說。
- 親近感：訴求消費者對品牌的了解，對品牌知之甚深。
- 觸及人們內心渴望，完成願望：典型的是**探索型品牌**（Explorer brand），例如Nike的「Just do it」。

• 合夥品質：讓消費者感覺被品牌尊重。老二、老三品牌，尤其喜歡用這種策略來塑造品牌形象——當著你的面與領導品牌做比較，或者直接修改領導品牌的缺失給你看，創造出一種我們是同一國的，合夥對抗惡勢力的認同感——LINUX 作業系統、百事可樂、LEXUS 等等都有很棒的品牌展現。

以上這些面向可以讓品牌與顧客產生情感性的連結，在具體功能性利益以外，創造出品牌的額外價值。

兩倍價值：所向披靡的品牌力量

品牌顯然是無形的也摸不到的東西。然而，品牌卻很有價值，而且不只是無形的、名譽性、象徵性的價值，還是結結實實的金錢價值。

左邊的表格顯示了全球著名的品牌排行及其品牌價值占公司市值的比例，由此可以看出品牌的驚人力量。

當然，數字除了表面意義之外，拿來比較一下，會有更多的啟發。首先，單看無形的品牌價值，可口可樂就大概是台積電總價值的兩倍，也大約是每年中央政府總預算的近兩倍。也就是說，我們的工程師兢兢業業、全年二十四小時不休地投注在高科技晶圓生產線上，所創造出來的公司價值遠不如八個英文字；或者說，那八個英文字可以拿來運轉台灣政府一年，買飛彈、買飛機、全國小朋友吃免費營養午餐還有餘。再來看看我們談過的勾勾牌飛天鞋與水果牌電腦公司，品牌價值占市值比例遠超過一半，也十足證明了我們再三強調的，無形的美感創造了**兩倍價值**。

另外舉BMW為例子，這家公司的品牌價值也高達總市值的百分之七十七，完

排名	品牌	品牌價值	公司市值	品牌／市值
1	Coca Cola	251.4	426.6	59%
2	Microsoft	170.1	815.7	21%
3	IBM	131.4	475.2	28%
12	BENZ	53.4	144.9	37%
28	NIKE	24.6	31.8	77%
36	APPLE	12.9	16.8	77%

單位：百億台幣；根據 Interbrand 一九九九年的研究估計

全不遜於勾勾牌。

二〇〇一年，ＢＭＷ的全球設計總監班格（Chris Bangle）在《哈佛商業評論》上談到如何用美學價值來獲利。他手下的工作團隊（也可以說是藝術家、設計師）超過兩百人，設計理念是創造「會移動的藝術品，並傳達出駕駛對於品質的熱愛」，而不只是製造一個交通工具。他提出了三項管理藝術工作的大原則。

首先，保護設計師與創作。藝術家難免有為藝術而藝術的傾向，在作品完成之前，常經不起批評。所以ＢＭＷ的作法是「隔離」，貼個禁止進入的牌子，在設計階段隔絕設計與非設計部門，保持藝術的純粹性。

其次，保護設計流程。除了讓時間、預算等等來自營業部門的壓力不及於設計部門，還讓非設計部門主管參與設計流程，讓其了解設計決策，由內而外，逐層表達設計所要傳達的美學價值。

最後，最重要的是，「溝通設計的價值，化藝術的語言為企業的語言」。也就是第一章再三強調的，美學與經濟看似有理性與感性的歧異，但必須尋求共同的語言來互相溝通，整體企業才有成功的機會。

重點在於彼此能不能用對方的語言來說明和理解。班格的作法是，在對商業部門溝通時放棄抽象的美學用語，如張力、平衡等等，改用生活化的比喻來說明，也可以利用圖像、模型等具體的視覺呈現，來取代文字語言。當然，如果再加上數字說明，那效果就更好了。

至於設計本身如何增加品牌價值，是有方法可循的，將在後面的章節再詳細說明。

Rain與大長今：世代與國族認同

近年來如果你有機會到韓國旅遊，當地導遊除了介紹各個觀光景點之外，一定會一而再、再而三地提到兩個名字：大長今與Rain。

大長今是韓國歷史上的名女人，擅長烹飪與醫術。她的故事經過藝術家的巧思創作，成為一部大型歷史連續劇，由紅星李英愛主演。這部連續劇不僅風靡韓國，連兩韓領導人會面時，都得要先送上這部劇的DVD來連絡感情，以致於「大長今」成為一個象徵，象徵整個大韓民族的歷史與民族精神，為韓國人普遍認同。

這一種國族的認同感，將大長今三個字漸漸轉化成一種品牌符號，被印在各式各樣的商品上，如人蔘、泡菜、觀光景點、歌舞劇等等。消費者只要看到大長今三個字，腦海中就會發生一連串的美學聯想（穿著韓國傳統服裝拜舞起居的女人、對抗惡勢力的勇氣、明亮純淨的心）。這些聯想奇妙地附著在商品上，大大地提升了商品的附加價值。有趣的是，這種認同感居然可以跨越種族、地域、文化的藩籬，穿透到其他的亞洲國家。本書寫作時，用大長今個三字在 Google 上搜尋，可以查到五百二十餘萬筆繁體中文資料，其感染力可見一斑。

我們可以用心理學大師榮格的說法來分析這現象。他說：有一些每個人心裡共有的潛意識，稱為集體潛意識，或許來自於共同的生活經驗、文化背景，或許來自於遠古人類的心理殘餘，只要被某種象徵召喚了，就會活躍起來。大長今這個品牌符號所構成的象徵，已經成為全人類所共通的感情元素，才能從國族性的認同，轉變成世界性的認同。

這給美學經濟工作者一個深刻的啟示：創造性活動通常是由周邊熟悉的題材開始的，藝術家要懂得發掘自我歷史文化的脈絡，用適當的形式表現出來，即村上隆所謂的「藝術家必須在本地決勝負」！然後，好的作品會「自己說話」，因為符號的象徵性早就深埋在每個人心中了。

而韓國的偶像歌手，號稱亞洲新天王的 Rain，則是走另外一條途徑來經營自我品牌。

Rain 本名鄭智薰，被稱為南韓音樂的救世主，因為似雨般的眼神被粉絲稱為 Rain。他在接受CNN專訪時表示，韓國社會對外貌要求很高，整型成風。他在剛出道時常常被嫌醜，試鏡被拒絕不下幾十次，甚至有製作人直接要他先去整型。然而，現今他的表演卻是以外形取勝，常在演唱會表演濕身秀，展現美好的身材，肌肉若隱若現，往往讓歌迷驚叫讚賞不已。《時人》雜誌更把他評為世界一百名最美麗的人之一。

由此可印證「美是主觀」的說法，美的程度與受眾的心理感受、情境息息相關。現實有時很殘酷，貧居鬧市無人問，富在深山有遠親，美醜好像也是這樣相對性的概念。由於先天條件外貌不如人，Rain 只好付出加倍的努力，每天睡覺絕不超過兩小時，甚至不浪費時間交女朋友，下定決心要脫離貧困，讓家人過好日子。

他拚命練舞，先成為知名藝人的伴舞，而後獲得製作人的賞識，才推出了第一張個人專輯……。利用這個故事原型，韓國人又拍了一部暢銷的電影《醜女大翻身》。

據統計，這位南韓小天王一年所創造的產值高達三百五十億韓元，其中包括演唱會門票收入兩百億、專輯銷售八十億，以及廣告收入七十億。一般認為，Rain 的成功來自於後天的努力。他認為，「成功需要的是努力加運氣。做任何事情，不論唱歌還是跳舞，首先都應該有極大的熱情。但這與煮水不一樣，水煮到一百度就會沸騰，但是一個人投入了百分之百的努力，卻未必會成功，還需要運氣。」

將眼光放大來看，Rain 的成功除了努力以外，大型娛樂經紀公司對於他的投資也占了很大的功勞。在南韓經歷了金融危機，確立文化創意產業的發展方向以後，娛樂公司把培訓新人當作「資本支出」（預期未來會有投資報酬的支出），而不是「經常性支出」來經營，不炒短線，忍受長期的虧損，才能奠定永續的競爭優勢。

換個角度想，經營 Rain 其實就是一種品牌經營的概念，即村上隆所謂：「把個人經歷品牌化。」這品牌的背後有一個努力付出、醜小鴨變天鵝的故事支撐，才能獲得粉絲的認同。不可否認的，天才畢竟是少數，我們之中的大多數人，都是天賦條件不佳的平凡人。「平凡人努力可以成功」，構成了 Rain 所象徵的集體潛意識，一旦被引發，就會獲得普遍性的認同。這一套模式被各國的娛樂業紛紛拷貝，套用在自己家的藝人身上。比如說，台灣歌壇的天后蔡依林就是一個很好的例子，故事幾乎一模一樣。

不滿二十五歲的 Rain 搭著彩繪自己肖像的專機到美國開巡迴演唱會。在登台前，《紐約時報》以大篇幅報導 Rain 旋風，認為他所代表的韓流，不但能橫掃亞洲，也是美國主流文化以外的高品質選擇。這對美國人以及全世界來說，具有很重要的象徵意義，因為紐約是法蘭克辛納屈歌中，「只要能在此處成功，就能吃遍全世界」的地標。在尼克隊主場麥迪森花園廣場登台時，Rain 以「下雨的紐約」為主題開唱，他說：「希望那個成功的亞洲人就是我。」他繼續把 Rain 這個品牌的故事性向全世界展示，爭取世界性的認同。（當然，我們希望那個成功的亞洲人是王建民。）

Rain 帶給美學經濟工作者另一個啟示：品牌的經營與品牌背後的故事性密切

相關。正如村上隆所言：「所有商品必須要有故事，讓他們覺得值得用金錢去下賭注。」我們不只要為商品編織一個故事，還要使目標客戶成為故事的一部分，讓他們去敘說未完成的品牌故事，自然就會產生品牌認同。

設計與新奇

不要浪費時間和精力去設計能夠取悅所有人的同質性商品，
因為那根本就不存在！

什麼是設計？設計的定義本身就很模糊。

根據教育部編國語辭典，設計有兩個意思：第一、設計是「謀畫算計」。《三國演義》第十一回：「止有鄄城、東阿、范縣三處，被荀彧、程昱設計死守得全，其餘俱破。」在這個定義中，設計顯然是一種腦力活動，評估狀況、預先構想，並付諸行動；第二、設計是「預先規畫，製訂圖樣」，在這裡，設計顯然與視覺圖像有關。正如彼得・杜拉克的定見：「文字書寫和影像將被視覺呈現所取代，文字敘述將被圖畫所取代。混合了文字與視覺的溝通方式不斷變動，不變的是，視覺將主宰一切。」那麼，設計的目標就是創造出視覺上的美感。綜合以上說法，我們可以說，設計活動的本質是完成預想的功能並達到美的要求，是腦力與感官協作的過程。

更有趣的是，當你在同一部辭典裡查詢「設計」兩個字時，會發現很多的相關詞：包裝設計、版面設計、編輯設計、美術設計、防震設計、服裝設計、電腦輔助設計等二十五個設計項目，如果放到 Google 去查，更有多達六十三萬餘項搜尋結果。由此可見，設計包羅萬象，無所不在，已經成為全球普遍重視的競爭力課題。哈佛商學院退休榮譽教授海耶斯（Robert Hayes）說：「十五年前的公司是從事價格競爭，現在是品質競賽，未來則是比賽設計。」

英國國家設計委員會新近制定了「好設計計畫」（The Good Design Plan），他們是這麼定義好設計的：一、好設計有永續性，不會退流行，也不會讓人負擔不起，有成本效益概念；二、好設計是一個過程，在這過程中，解決人類生活所會遇到的問題；三、好設計充滿創意，是一種用來傳遞設計概念的創新；四、最終，好設計必然是好設計師與好客戶協作的結晶（這就是接受美學的概念）。

然而，談到設計的美醜，卻沒有客觀標準。同一樣東西，到底要設計成圓的還是尖的？黑白或是彩色？討論到後來，總是見人見智、各說各話。正如我們先前提到，美感是主觀的，與觀賞者的心境、涵養等等密切相關。西子無鹽、青菜豆腐，各有所好。不過，這也給了我們一個體悟：好壞不是由設計者單方認定的，而是要使用者，也就是觀眾，使用欣賞了以後才做出評價，整個設計才得以完成。這正是接受美學所再三強調的，創作者與受眾必須協作，產生共鳴，設計才能產生美感價值。

「世界上沒有所謂最好的設計方式，」帕斯楚這麼說道，「一個所謂好設計的靜態模型，將會威脅美學意義和美學樂趣的演變過程。害怕在美學探索的路上出錯，與錯誤本身同樣具有破壞力。」這段話的意義在於，不要浪費時間和精力去設計能夠「取悅所有人」的同質性商品，因為那根本就不存在！反過來說，設計的思考方式應當是納入多元觀點，允許競爭和探索，**與其以「大量生產」的思維，把一種商品提供給所有人，不如轉以「大量客製化」的思維，把所有的商品提供給一個**

人。相信市場的群體智慧，好設計必然欣欣向榮、蓬勃發展，而不受青睞的設計必然凋零枯亡。

設計始終來自人性，如何發掘使用者的需求，並針對性地予以滿足，就是設計的精髓。正如設計Nobu餐廳的知名建築師大衛・洛克威爾（David Rockwell）所言：「設計和創新的力量的確可以重新塑造一個完整品牌，或品牌所處的現有市場。在過去，設計者著重於設計出新的產品。而現在，他們創造的是一個更廣泛的內容，一個讓消費者印象深刻的體驗及經歷。」

iMac：設計以人性為本

電腦已是不可或缺的基本家電。然而，只要看著自己桌上的那一台電腦，每個人都可以輕易列出一堆使用問題：「線太多，不僅搬動很不方便，也常糾纏在一起」、「很多稜角和粗糙的金屬表面，如果家中有小孩的話得特別小心。對DIY族來說，哪個人不曾在鎖機殼時被割得流血？」、「接頭接縫很多，特別容易藏污納垢，清潔不易（如果能清的話）；發生故障花錢送修時，卻常常發現只是因為接觸不良，氣死人」、「它好吵，低頻的噪音最傷身」、「開機很慢」……最重要的是，它一點都不美！

那我們為什麼還要忍受這樣的電腦？第一、我們沒得選擇。說來慚愧，全世界的電腦有一大半是 Made in Taiwan，但台灣廠商只會賺大量生產壓低成本的錢，根本不多想如何給使用者另一個選擇；而微軟忙著數錢、抓盜版和修補千瘡百孔的軟體，哪裡還管得了你用了高不高興，或機器美不美？第二、我們貪小便宜，只顧著現在省幾千元買來堪用的東西，卻忘了以後得付出更大的代價，比如說，用小螢幕看小字，眼睛壞了反而得花大錢修補保養，或者忍受嗡嗡的低頻噪音，神經衰弱被當成精神病。

「它」不是「他」，它沒有人性。聽起來就像《三國演義》開場時的「東漢末年，皇帝吃喝玩樂，民不聊生」，如果用小說的寫法，接下來就是：「這時，英雄趁勢而起，回應命運的召喚……」

因此，iMac 誕生了。

蘋果執行長史提夫・賈伯斯（Steve Jobs）表示：「這款全新的 iMac，是有史以來最令人驚豔的桌上型電腦。全新的設計，採用創新的材質，包括專業等級的鋁材與玻璃，非常容易再生利用。」iMac 的整套電腦系統整合在一個輕薄的鋁質外殼當中，只有一條電源線。只要插上，按單一電源鍵就能啟動。少了那些視覺上亂七八糟的線，根本不用整理；沒有稜角，全部都是光滑鏡面，撞上會瘀青，但絕不會流血；沒有接縫，連最難清理的鍵盤縫隙也沒有；不用拔拔插插，所以零件壞了就是壞了，不會是接觸不良，而且還附上蘋果原廠保固；螢幕大到可以舒舒服服、遠遠地坐在沙發上看電影；所有內件封在厚實的機殼中，噪音幾乎傳不出來；它不會在開機時給你一百種病毒警告，根本不讓你辦正事。最後，「她」美的不得了。

《時代》雜誌以 iMac 作為二〇〇二年第一期的封面主角，文案寫道：「除了它不是PC外，一切嘆為觀止！」

對台灣個人電腦的生產者而言，市場早已是一片紅海，只能憑降低成本（甚至是品質）來做價格競爭。但是，iMac 是同級電腦的兩倍價錢，訂單仍然塞爆生產線。誰也沒有想到早已篤定出局的蘋果電腦，還能回過神來打一支逆轉全壘打。

一九八〇年代，蘋果電腦可算是全球個人電腦的領航者，卻因為一個策略失誤，採取封閉系統，被ＩＢＭ、微軟聯手殺得只剩百分之二的市占率，奄奄一息。一九九七年，老當家賈伯斯回鍋，以破釜沉舟的決心，在眾人的質疑聲浪下，展開i系列產品的設計與推廣，他的核心理念是：「第一代電腦作運算，第二代連上Internet，蘋果開創的是第三代，把電腦和各種數位工具，像交響樂團般連結齊奏。」

有沒看到關鍵字？交響樂團齊奏，這是美學命題，不是技術命題！蘋果設計總監強納森・易弗（Jonathan Ive）表示，當時他就是要做出一台像向日葵般的個人電腦，刺激消費者的美感，進而帶動消費欲望。這i系列產品設計的共同點是：簡單、清晰、徹底整合，完全以人性為出發，把產品當作「他」，甚至是「她」，而不只是一個「它」。**以人性來服務人，參與人的生活，就是iMac成功的關鍵因素。**

以下故事和蘋果牌電腦放一起，在研究美學經濟的我們看來，已經不僅是「巧合」：

神話英雄帕里斯在山上遇見三位女神，天后赫拉承諾要給他無比的財富；智慧女神雅典娜要給他無人能擋的勇氣和魅力。最後，他卻把金蘋果給了愛與美的女神，阿佛洛黛特。

二〇〇八年第二季，整個電腦硬體市場只有百分之十一的成長，而擁抱愛與美的蘋果卻比去年同期成長百分之四十三，將近是其他競爭廠商的四倍。這就是美學經濟最完美的典範。

服務與奢華

服務的目的，說穿了，
就是要讓客人說出「好感動」這樣的話！

在這個選擇過多的年代，消費者購買任何東西時，都是想要買一種特殊的體驗，也就是說，其他商品或許有一樣的功能，但卻無法提供這樣的感覺。那是一種「被滿足」的感覺，也可以說是「被感動」而觸發了購買的欲望，進而掏出錢包，完成交易。

以實體產品為例，每家廠牌的洗衣機功能其實都差不多，價錢也差不多，而最後我們選擇購買的，一定是提供免費到府安裝、測試，還提供三年保固的那一台。以內容產品為例，任何時間的股票指數、價格都只有一個，最後我們選擇下單的券商，一定是營業員最勤快，還熱心提供出入場資訊的那一家。服務業更不用說了，上餐廳一定會優先想到老闆待客最周到、服務生笑容最燦爛的那一家。

這種令人感動、覺得與眾不同的感覺，也就是在商品的基本功能表現之外的附加價值，都是由服務所塑造出來的。或者說，服務最能夠滿足隱藏在消費者內心的需求；觸發共鳴，創造出附加的美學價值。

行銷專家丹席格把這種服務創造的美感稱為「奢華」，透過提供消費者奢華體驗而創造價值。她說：「奢華消費者尋求新的體驗，而且珍視那種體驗，並非為了物質主義而追逐物質主義。」她更進一步把奢華分類為「舊奢華」與「新奢華」，舊奢華是與權力威望相關的，著重商品的特色、屬性，以及其如何表現出擁有者的社會地位，而且通常是昂貴的同義詞。新奢華是指，「消費者關心的是展現在他們所購買的商品與服務中的奢華體驗。而非所有權或持有本身。」

由於字義的關係，奢華的概念很容易被與奢侈聯想在一起，以為奢華一定很奢侈花錢、很浪費、很貴等等。但這其實是一種誤解！奢華體驗與價格高低不存在必然的相關性。舉例來說，我們有時到路邊一間不起眼的小店，點一碗不過數十元的牛肉麵，也可以感到很奢華，為什麼呢？因為牛肉大塊、麵Q、老闆娘超親切，奢華！

奢華與簡約也不衝突。商品設計的簡約概念只是盡量把詮釋、創造的工作留給消費者去發揮，完成整個消費過程，日本人稱之為「素華」。舉例來說，一件純白色沒有任何標記的圓形瓷盤，可以因為白得徹底而獲得美感的兩倍價值，為什麼呢？因為設計者的設計工作只占了一半，消費者拿到白色瓷盤時，透過對於形象顏色的感動，自行在心中完成美的創造活動。這就是極簡主義所強調的美學。

仔細分析消費者心理，就會發現種種奢華體驗都是來自於馬斯洛需求理論中，上層的「被尊重的需求」與「自我成就的需求」。人是社會性的動物，我們希望在群體生活中被尊重，更希望能在群體中獨樹一格、與眾不同，滿足自我的成就。舉例來說，現在年輕人間流行 KUSO，自我放縱、破壞偶像、摧毀傳統價值，這麼做不過就是要以「不美」來表現「美」罷了。

加賀屋與 Club Med：發掘奢華的服務需求

人面獅身怪獸斯芬克斯坐在山崖上，對著經過的路人出謎題，並吃掉所有答錯的路人，連國王的兒子都給吃了。國王很著急，以整個王國和皇后作為懸賞，希望找到能夠解謎的人。這時，英雄伊底帕斯向危險和獎賞挑戰，獨自爬上了山崖。怪獸問他這無人破解的必殺問題：「什麼動物早上用四條腿走路，中午用兩條腿走路，晚上卻用三條腿走路？用腿最多的時候反而是力量和速度最小的時候。」

經智慧女神雅典娜提示，伊底帕斯大笑回答：「人在生命的早晨毫無力氣，只好以四肢爬行；在生命最富足強壯的中午，用兩條腿走路；而當生命的暮色降臨時，他需要幫助，只好拿根拐杖作第三條腿。」謎題被破解了，斯芬克斯很羞愧，變成了埃及著名的石像。（也有人說是跳崖自盡。）

很偉大的象徵吧？這就是我們每一個人所必經的人生旅途。你是否發現自己在思考答案時，覺得好像很熟悉，只是一時聯想不起來？

這個心理過程就是我們常常掛在嘴上的**感動**。收到男友送的玫瑰花時，妳會說：「好感動！」聽到命運交響曲「登登登登……」，你也說：「好感動。」大致就是這樣的過程。而服務的目的，說穿了，就是要讓客人說出「好感動」這樣的話，只要你能滿足消費者心中的某種需求，提供奢華價值，創造感動，美學經濟事業就成功了。

在這裡我們要來看兩個典範案例：**加賀屋與** Club Med。

加賀屋位於日本觀光勝地能登半島的石川縣，已經連續二十六年榮獲「日本旅館百選」的冠軍寶座，號稱「天下的加賀屋」，據說連日本皇族造訪北陸時，都指名住宿，也是台灣高檔旅行團的渡假首選。

這家旅館並非以拉斯維加斯式的豪華裝潢和奢侈感取勝。遠遠一看，只是一棟平凡的水泥高樓建在一堆日式木屋旁，和日月潭旁邊雜亂無章的建築風格有點像。如果硬要用正面的形容詞去描述的話，就說它是樸實、古拙吧！那有什麼好夢幻的呢？且走近細瞧。

一到門口就有成群穿著日式和服的服務生列隊歡迎，滿臉笑容。馬上還會有人接過你手上沉甸甸的行李，直接送到客房，而且絕不會等著討小費。每個房間都有專屬的服務生奉上合身舒適的浴衣，還親手幫你換上繫好。好像跟外表看到的不一樣喔！強烈的印象反差開始浮上心頭。然後，你可以先去泡湯，在露天的三層大浴場盡覽海岸風光，順便回顧和倉溫泉的千年歷史，懷想幕府時代加賀百萬石的繁華風光。泡得通體舒暢後，走進更衣間，女士們大可把金箔乳液往身上塗，同樣的，還是有專人奉上毛巾熱茶，讓你身心完全停頓在日式的禪意中。

接著你可以穿著木屐和浴衣，輕輕鬆鬆地穿過館內商店街，去享用最頂級的加賀屋懷石會席料理。龍蝦鮑魚蛤蜊鮪魚烏龍麵樣樣新鮮，精緻非凡，宛如畫中的藝術品。席間還有安排表演，太鼓藝妓三味線，同時滿足視覺聽覺味覺的三重享受。最重要的是，每樣料理都是一人一份，個人獨享，由服務生親自跪捧到你面前，一對一料理服務，倒茶下麵割鮑魚，只差沒親手送進你嘴裡。

酒足飯飽之後，自然又是服務生親侍枕席，別誤會，是幫你鋪好枕頭棉被而已。然後她會溫柔地拉上紙門，向你說晚安。就這樣完成了加賀屋的一天。咦！說是來觀光旅遊的，但從頭到尾好像都沒有走出這家老旅館，也沒跑酒吧健身房、拉吃角子老虎、看超大型華麗歌舞秀、白老虎跳火圈，但怎麼覺得很滿足呢？

躺在榻榻米上，看著落日入海灣，你可以回頭想想伊底帕斯給的解答：「生命的暮色降臨時，他需要幫助，只好拿根拐杖作第三條腿。」服務生那無微不至的服務，就是那第三條腿，給顧客無與倫比的尊榮感受，這正是加賀屋成功的不二法門。尤其是對銀髮族來說，那更是難以抗拒的吸引力。不信你可以問問你爸媽，迪士尼和加賀屋，看他選哪一個？

同樣是經營觀光旅遊產業，同樣是兩倍價錢，Club Med 走的是截然不同的一條路。在其公司網站上，標榜著：「今日，Club Med 在全世界提供超過九十個渡假村，每一個渡假村都是為了讓你的假期更愉快，並創造可以讓你回味一生的完美記憶。每一個據點，每一個豪華的住宿，還有每一個精采的活動，都神奇地結合了我們GO熱情的款待，他們為你創造歡樂，呵護著來訪的客人。你只要決定你想要的假期……其他的事就交給我們。」

其主要經營概念是「一價全包」的假日旅遊服務。只要付一個價錢，無論住宿、導遊、飲食、遊憩設施，全部搞定。你再也不用為了從飯店到景點要坐哪一路車而煩惱，也不用為了去到無人小島該吃些什麼而煩惱，更不用怕導遊帶你到土產店被敲竹槓，所有的事情已經都有專人預先為你規畫妥當，你只要吃飽飽裝憨憨，就能享受自由、舒適、健康、輕鬆和友善的假期，而且，沒有額外的費用。

奇怪的是，五十年來，這個概念漸漸普及到全球的渡假村經營，但 Club Med 還是屹立不搖，其中有一個關鍵因素就是，Club Med 的經營者洞察到「在旅行中，孩子最容易被忽略」這一片藍海市場，所以他們提供的服務，不只針對大人，連孩子也一價全包，而且還特別為兒童設計其專屬的渡假服務。

簡單地說，每對父母心中都有「潛需求」，明明很想玩衝浪探險，但帶著小孩卻綁手綁腳，又不知要把小孩丟給誰看顧？Club Med 貼心地承接起這個保母、安親班的角色。有友善的大哥哥大姊姊帶著小朋友玩安全的遊戲，父母自然可以去盡情放肆。這一個概念受到了全球父母熱烈的歡迎，畢竟「兩條腿」的大人和「四條腿」的孩子，想玩的是不同的遊戲。

在以上兩個案例中，我們藉著一個寓言來說明各個客戶群都有不同的潛在需求——Club Med 是滿足內心的自由渴望；而加賀屋滿足了權力意志，創造服務的奢華感。美學經濟的森林中有很多條路，每條路都通向成功，只是你得從潛意識的密林中，認真去發掘罷了。

Management of Aesthetic Economics

Chapter 4 美學經濟的經營

你創造不了一切都完美的王國，因為情趣高尚是博物館管理員的美德，但是你輕視低庸情趣，你就不會有畫、有舞蹈、有王宮、有花園。你若害怕大地上出現不良作品，你就會無精打采。因為空洞的完美會使你得不到一切，你要創造一個充滿熱忱的王國。

——聖修伯里，《要塞》

經營任何生意之前，首先要決定你的「商業經營模式」（Business Model），也就是說，這門生意到底要賺什麼錢？怎麼賺錢？把錢的流動方式搞清楚，確定會有錢在流，而且不只流過你家門口，還會在你的聚寶池留下來。

用美學語彙來說，就是要先為你的事業（藝術）找到「表現形式」。也就是說，這件作品到底要如何展現？如何與觀眾溝通？把美的流動方式搞清楚了，確定這樣的形式美，不只你自己覺得美，接受的人也會覺得美，認同你的表達方式，而且不僅是嘴上嘖嘖讚嘆，更願意從口袋掏出錢，把你的作品買下來。

這就是商業經營模式。

不要相信那些「美學經濟需要的是某某模式，而不是商業經營……」的論調，那是學院裡的管理學者或窮人藝術家講的話，那是沒有經營過生意、賠過錢的人所說的話。要把生意做好，把作品賣出去，最重要的就是商業經營模式。

商業經營模式要怎麼規畫？一點都不複雜。如果有管理顧問說要幫你企畫商業經營模式，一百頁只收你五萬塊，那一定是騙子。永遠要記住，「難解者偽也」，故意把簡單的事情講得很玄很複雜，百分之百是假的——美的事物永遠有最自然的形式，完整、和諧、具深意，看起來順眼，聽起來合理，絕對不會讓你覺得怪怪的、卡卡的，不順。（會不會講得太玄？）

好比通俗小說，好的商業經營模式都有簡單平易的故事。挽救 Giordano 並為自己創造可觀財富的黎智英先生曾說過：「如果我的經營模式比你簡單六倍，那麼，只要我不比你笨六倍，我豈會沒有贏的機會？」運用這樣的模式，他想辦法減少、簡化貨品的種類，把貨品集中在基本實用款，從每季三百多個款式減為五十多個，只剩六分之一，相對地大大減低了經營的難度，成功打敗對手，在市場上取得立足之地。至今，Giordano 依然是平價品牌服飾的領導者。

然而，誰都無法告訴你，什麼樣的商業經營模式才會成功！原因很簡單，就像你永遠不能相信算命仙一樣，如果他真能預知未來，未卜先知，只要算算明天股市漲跌就能發大財了，何必坐在街頭幫你算命呢？同理，如果我們知道哪些商業經營模式會成功，早就做了，怎麼會輪得到別人。

把你的商業經營模式寫下來，反覆思考，刪掉裡面贅餘的形容詞，變成一百個字以內就能述說的故事。大概是這樣的形式：「為客戶提供某某商品或服務，解決他們的某某問題（或）讓他們在某某方面覺得滿意。因此，他們會——最好一直都會——付錢給我們。」這就是你的商業經營模式。

商業經營模式只能靠自己。

決定了以後，下一個工作是選擇適當的策略類型。一聽到「策略」這兩個字，很多人也許會覺得倒胃口，腦海裡出現目光如鼠、爾虞我詐的政客。但是，要吐也請等一下，簡單地說，策略就是要決定你這一門生意到底憑何立足？又該如何與其他人競爭？

管理大師麥可・波特（Michael Porter）說過，基本策略類型嚴格來說有兩種：**成本領導**與**差異化**。成本領導是指，如果你想做的東西和別人一樣，那就得做得比別人便宜，因為唯有如此，你才能賣得比別人便宜，才有競爭力。這是台灣傳統企業一向採行的策略類型，最著名的代表是王永慶先生，他所提的勤勞儉樸、瘦鵝理論等等，大家都耳熟能詳，在此不再複述。

然而，在美學經濟中，成本領導策略是完全沒有意義的，因為其前提（把東西做得和別人一樣）根本就不成立。無論是品牌、設計、服務等任何一項價值來源，都必須建立在「新奇」的基礎上。也就是說，如果你賣的東西和別人一樣，消費者去買別人的就好，何必來買你的呢？

此外，前文說過，在美學經濟裡，由於網路效應、先占優勢、套牢寡占等等因素，追隨者並沒有意義。舉例來說，縱使你模仿達文西，畫賣得比他便宜，人家還是不要你，只要達文西。

美學經濟經營一定是採用差異化策略，要創新！以新奇的服務和設計來鞏固品牌基礎，在消費者心中建立品牌的認同感，賦予消費者某種奢華體驗，如此才會成功。簡單說，也就是你得創造、創新，做出和別人不一樣的東西才行。如同村上隆大師所說：「對藝術家來說，構築獨自的經營哲學，跟作品一樣重要。所以必須自己創造自己。」

美學事業評估

不斷重複學習、訓練、分析、實行、驗證，在遵循規則前提下與他人競爭，從中表現最高等級的藝術，這就是所謂的藝術家。

——村上隆

差異化策略是建立在比較的基礎上，拿別人的事業來和自己的事業比，看看自己的優勢和短處在哪裡。市面上有不少著名的管理工具可以幫助你做評估，比如SWOT分析、BCG模型、波特的五力分析等等。在這裡所要提供的，是美學經濟的「六芒星價值模型」，可以用來檢討你自己的事業模式，並透過標竿學習（BenchMarking）的方法，效法別人經營上的長處，轉變成你自己的競爭優勢。

先把六芒星畫在紙上，像左圖這樣。

然後把美學經濟價值公式寫下來，要順便冥想膜拜一下也可以。不是開玩笑，別小看儀式的重要性，它可以讓人更專注於現在所從事行為的深層意義。

（品牌＋設計＋服務）X（奢華＋新奇＋認同）＝美感＝$

波特的五力分析有：來自潛在進入者的威脅、來自消費者的議價能力、來自供應商的議價能力、來自替代者的威脅、來自現有競爭者的競爭。

小王子說：「大人們很奇怪，他們總是認為，只有具體的數字才能幫助他們彼此了解。」為了幫助你自己和事業夥伴們深入體會，接下來請就這六個項目給你自己的商業經營模式打分數。大企業的作法，是請各該領域的專家來打分數，這也可以，因為大組織總是會有些「政治」問題，影響評價的獨立客觀就不好。另外，若是能請你的潛在客戶、消費者來打分數也很棒，順便做一下市場調查。

你可以用老師愛用的一至一百分；讀過社會科學的想用李克特尺度（Likert's

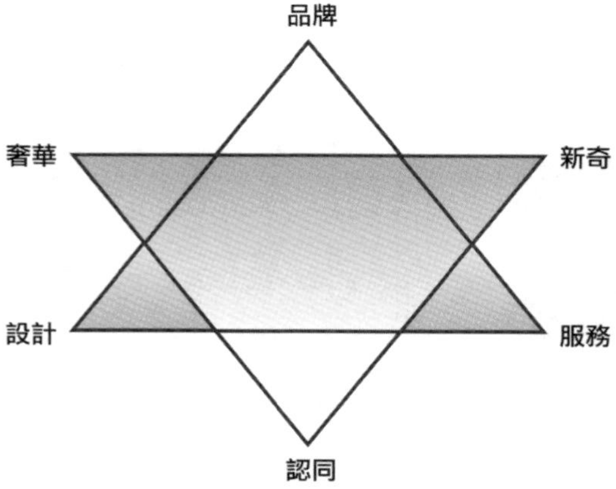

六芒星價值模型

scale）五分法、七分法也可以。藝術家們不喜歡數字，那就用：差、很差、非常差，或棒、很棒、超級棒。這麼審酌衡量一番，加加減減，你就有一張美學經濟成績單了。

前面說過，視覺化可以讓整體輪廓更清楚，也更容易溝通表達。因此你可以依成績分布，畫出六芒星的星芒，成績愈高的項目光芒愈長，也愈閃。（如左圖）

你看，很清楚吧！在你的商業經營模式中，產品非常新奇，設計相當不錯，品牌認同度也尚可，但是服務就讓人難以苟同，消費者一點都不覺得奢華。把這個解析的結果填進成績單的評語欄。就這麼簡單，你和你的夥伴們可以檢討一下，現在（或即將）提供的商品的整體競爭力如何？更重要的是，你可以看出這到底是不是一門好生意，是不是能做的生意。

當然，正如彼得・杜拉克所言：「人類的天性，就是將資訊扭曲成自己想要的結果。」有時候，經營者一廂情願做出來的數字並不可靠，這叫「燈下黑」，就像藝術家總是有覺得自己的作品最美的主觀傾向；另外，即使請客觀第三者來評估，也可能對市場、消費者的了解不夠深入，或者不了解競爭態勢，畫出來的模型就沒

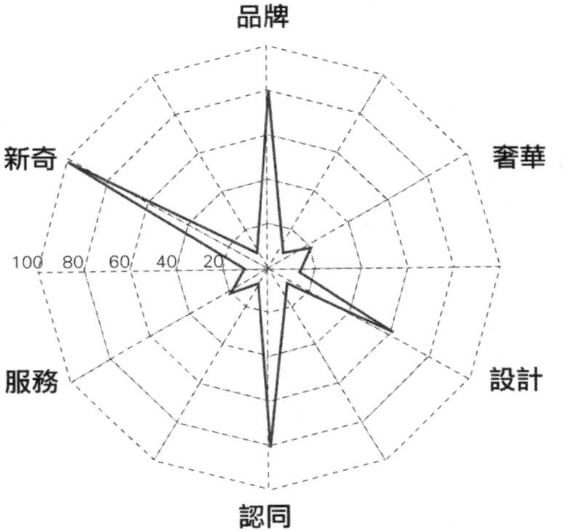

六芒星價值模型評估

科目：美學經濟	考生姓名：甄美麗
兩光文化創意有限公司的產品： ・品牌：80分 ・設計：60分 ・服務：20分	消費者看起來： ・奢華感： 20分 ・新奇性：100分 ・認同感： 80分
評語：	

美學經濟成績單

有太大意義。

因此，建議你把和你的商業經營模式最接近、競爭最直接，或最想學習的經營者的六芒星價值評估模型也畫一下。

比較下來就會很清楚。虛線是你，實線是你的競爭者。

一比之下，雖然他的服務成績也不是太好，可能是因為這門生意的服務本來就不好做，但是最起碼人家做到及格的程度，你的服務實在差人家太多了。而你的優勢在於，你的產品創新真的比他棒，要好好強化這點優勢。行銷講差異化，要在新奇性上作文章。

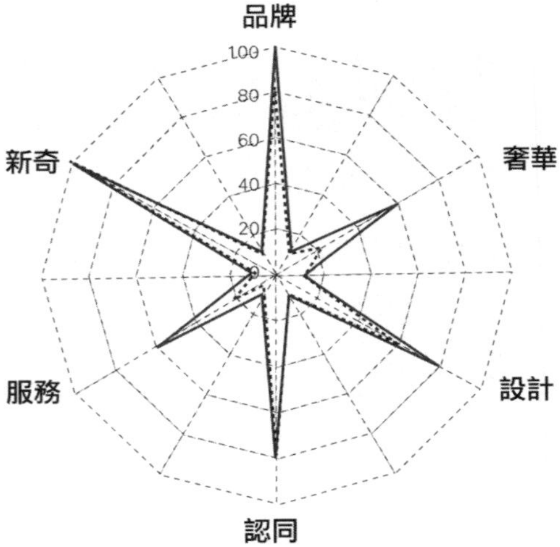

無論藝術性或商業性，創新是內在的能力、資源、天賦，與外在的環境、機會互相遭遇和適配的結果。創意是一種創作作品的能力，而這個作品必須是全新的，且同時能適合它本身所存在的情境。創業家要能夠分析外在的情境、機會所在，以自己的能力與資源予以適配。

彼得・杜拉克在《創新與創業精神》一書中提到，尋求創新時有七個機會來源必須注意：

一、意料之外的事件：意外的成功，意外的失敗，意外的外在事件。

二、不一致的狀況：實際狀況與預期狀況的不一致，如「馬上好」與「馬上沒有好」。

三、基於程序需要的創新：某一個流程不順，針對缺乏效率而做的改善，如網路書店的出現就是一個好例子。

四、產業或市場結構的改變：以出其不意的方式降臨到每個人身上，如石油危機。

五、人口的變動：人口統計特性的變動，如老年化、少子化的社會趨勢。

六、認知、情緒及意義的改變：如台客風、奢華風、御宅族。

七、新知識的發現：包括科學的與非科學的，如奈米技術、基因改造。

找到做生意的機會，而你本身又有能力去提供這個機會所創造出的產品和服務，那麼你就可以著手做更進一步的創業規畫。創業家常犯的錯誤是，以「自己能提供些什麼」為出發——尤其是從事美學經濟的藝術家們，更容易有「為藝術而藝術」的傾向——而不是以市場、消費者、觀眾為中心來思考，只顧著自己開心，卻忽視了消費者根本不喜歡、不需要你的東西。這往往是致命的錯誤，結果是賠錢又傷心。

談到創新過程，創意心理學中談到的（藝術）創造過程很重要，這些都是創業家容易忽略的。

•定義問題：找出客戶到底需要什麼？目前的解決方案有什麼缺點？太吵？太暗？使用不方便？很花錢？

•收集資訊：這個問題是怎麼造成的？把盒子拆開、把顧客抓來問、自己試用一下……然後，看看別人是如何思考這個問題的。現在網際網路超方便，各種研究資料庫，輕敲兩下鍵盤可得，要不然還有 Google 大神可以問。

•休息冥想：知道愛因斯坦刮鬍子、阿基米得洗泡泡澡、牛頓在蘋果樹下睡懶覺時發生什麼事吧？當你的腦子塞滿資訊以後，最好什麼都不要做，離開電腦、電視、書本，也不要和同學聊天討論。你就是休息，把意識的壓制束縛完全解放，讓你的潛意識工作，把許多表面看似不相關的資訊連結起來。

•Bingo! 阿爸阿母，我想到了！接著要趕快把你想到的東西寫下來。許多富有創意的人都會隨身帶筆記本，就是有這個用處。千萬不要依賴ＰＤＡ或電腦，不然等你開完機，靈感早就跑光了

•檢驗回饋細節：細節裡總是藏著魔鬼，把想法一遍又一遍地重寫，重新檢

查，你不會吃虧的。

接下來，你必須妥善規畫你的財務，重點在於「資金需求」與「現金流量」。藝術家們，千萬不要因為不喜歡數學和會計而不去了解財務問題，這麼做往往就種下失敗的遠因。其實，這工作並不需要專業財務人員，因為沒有人比你自己更清楚開辦事業所需要的資金，只是你自己願不願意誠實面對罷了。

另外一個重點是，財務規畫要做「長」一點，千萬不要只籌足了事業開辦的費用，心想船到橋頭自然直，看事辦事。準備好較長期的資金，起碼有兩個具體的作用：第一、當你在月底簽發員工薪資時，看到上面一大串的零時，不會心慌。尤其是創意產業，人力成本特高，錢燒得快卻沒看到任何摸得到的產品，好像鈔票憑空蒸發似的，那種心如火燒的感覺，筆墨難以形容。第二、如果你的生意真的是個好生意，會有很多投資人、金主有興趣投資，而那些出手就「億來億去」的投資銀行經理，一定很欣賞你那份密密麻麻、滿是數字的財務計畫，因為他們根本聽不懂你說的「本作品要呈現後現代主義所獨有的孤寂……」。

哈佛大學教授邁克・克萊邁（Michael Kremer）曾經對創意團隊提出「零集團」（O-rings）製作理論：在這行業中，唯有團隊中所有人都把事情做對了，計畫才會成功。反過來說，「一位成員的創作成果很可能因為另一位成員的失當而前功盡棄。」美學經濟往往需要跨領域的整合，美學與經濟、科技與人文、文化與創意、工匠與教授、數學家與藝術家……理查・考夫教授稱之為「雜色集團」，「它意味著當創作計畫展開時，必須要為其選擇團隊成員，並且在製作的過程中維繫所有人的合作。」因此，在思考你的事業組織型態時，工作團隊之間的交易（互動）特性是首先必須考慮的重點。有兩個面向值得分析：**交易的頻率**（frequency）與**不確定性**（uncertainty）。

交易頻率意指你必須與工作夥伴協調意見、互動、交換工作成果，以及交易的次數與時間。在某些工作中，你得與團隊整天膩在一起，否則就生不出好成果，這樣的交易頻率就算高；有些工作，你只要在一開始交辦，幾個月以後收件就成，交易頻率低。

交易的不確定性意指交易雙方都不確定彼此需求的程度，原因可能是初次合作，也可能是因為每次合作的內容都不太一樣。我們常看到一個大型標案（尤其是政府機關，因為公務員花的不是自己的錢），標書上往往就只有幾行字，誰也搞不清楚最後的成果是什麼，那就是不確定性很高的交易；反過來說，假設你有一大堆檔案需要人幫你影印，正常的狀況下，無論是誰拿去印的，回來的成果都差不多，這就是不確定性很低的交易。

由這兩項交易特性的高低組合，有四種不同的組織型態可應用：

「公司」（Firm）泛指以正式的商業組織

交易特性	頻率高	頻率低
不確定性高	聯盟	契約
不確定性低	公司	市場

交易組織型態

型態（工作室、企業社、會社）成立，不必每次交易都議價的工作團隊。公司有明確的組織疆界、組織層級，待遇和工作條件都不會隨交易而變動。也就是說，我們可以很明確地分出誰是老闆、誰是夥計的組織型態，當上級說：「去把工作室打掃乾淨……」下級必須乖乖照辦，沒有藉口討價還價，也不需要問「乾淨是多乾淨？」否則，上級就有權力炒你魷魚。這種型態適用於團隊之間交易頻率高，而不確定性低的場合。你只要定期付薪水，員工就必須完成你所指定（合理範圍內）的工作。

而當你的需求明確、交易頻率低的時候，不要花心力去建立任何形式的組織（或契約）。偶爾有需要的時候，到「市場」上去尋找目標即可。舉例來說，搬家服務久久才需要一次，要搬家的時候，翻開電話簿，找家看起來可以信賴又便宜的搬家公司即可，沒必要長期雇用幾個搬家工人，也沒必要和搬家公司簽長約。

交易的不確定性高，交易頻率也很高的場合通常都是以「聯盟」的形態來組織。影視產業是最好的例子。剪接、錄音、動畫等等從業人員，常要面對難纏的製作人，每次要求都不盡相同，必須因時因地制宜、客製化。因此，他們的工作形態往往是形成一個幾乎固定，或以明文或默契組織的小圈圈，製作人不會到公開市場上去尋找合作對象，他們不會在網路上刊登「某某製作公司需要一位剪接師」，而是沿用固定班底。然而，把合作愉快的錄音師雇到公司裡來領固定薪水，這種事也不太可能發生，因為並不是每天都有需求。

最後，我們要討論的組織型態，是在經營美學經濟、文化創意產業時最常見的，也就是以「契約」的方式來組織的工作團隊，適用於交易頻率低、不確定性高的場合。契約不一定是以白紙黑字呈現，有時候口頭承諾或事後交換，都是一種契約形式。法律採契約自由主義，基本上，只要你訂的契約不違反法令，不違背公序良俗，都可以自由訂立，都是有效的。

由於產業特性的關係，智慧財產權的處理常是美學經濟契約的重點。基本上，在著作權法令中，如果你雇用藝術家來為你創作，成果是屬於你的。然而，一來不見得每個員工都有法律概念；二來，若有糾紛告上法庭時，對方律師一定會搬一大堆你聽不懂的名詞法規來唬你。所以，進行任何雇用之前，還是白紙黑字地把契約寫下比較好。接下來提供幾個常用的範例：

出版授權人：甄美麗 （下稱甲方）
出版被授權人：兩光文化創意股份有限公司（下稱乙方）
著作物名稱：美學經濟大作戰 （下稱本著作）
上列出版授權人，願將本著作自某年某月某日起，至某年某月某日（或年限）為止，授權上列出版被授權人出版發行。權利義務如下：

1. 甲方同意於本契約有效期間內，乙方於全球／獨家／出版發行本著作，不限版次。但乙方須依本契約給付甲方版稅。此項獨家專屬授權，非經甲方書面同意，不得讓與或繼承，亦不得轉授與第三人。
2. 甲方擔保其於本契約成立時，對本著作擁有著作財產權，無違反著作權法、出版法及其他有關現行著作權法規及相關法規的情形。
3. 甲方於本契約有效期間內，不得以自己或第三人之名義，將本著作之一部分或全部為任何形式之出版發行。
4. 為宣傳、促銷本著作，乙方得於報紙、雜誌、網際網路等媒體上，取用本著作之部分予以轉載，不需另外支付版稅或其他權利金。
5. 甲方同意於簽約後_____個月內，將本著作交予乙方。
6. 乙方同意依下列方式及時間支付甲方報酬（以下稱版稅）：每 X 本 Y 元。
7. 本著作所有改編為電影、戲劇、廣播、電視節目等本契約未明載之權利，均屬甲方所有。
8. 甲方同意本著作翻譯為其他語文，以及轉授他人出版不同版本之延伸權利，委託乙方代為經營管理。

（其他未盡事項可增列在這……）

本契約自簽約日起生效，一式兩份，甲、乙雙方各執乙份為憑。

授權人（創作人）：甄美麗（簽章）
身份證字號：
地　　址：
電　　話：

出版被授權人：兩光文化創意股份有限公司
代 表 人：
地　　址：
電　　話：
營利事業統一編號：

中 華 民 國 ________ 年 ________月________ 日

雇用創作、著作出版授權契約書

近來發生了「張君雅小妹妹」控告點心麵廠商的案例值得借鏡——廠商原聘請簡小妹擔任廣告主角，沒想到主角形象一夕爆紅。隨後，廠商順勢推出一系列產品，業績嚇嚇叫。

根據新聞報導說：簡小妹每天貼心地幫媽媽顧麵攤，小學一年級時，她拍了這支廣告，廣告一炮而紅之後，連餅乾包裝都是她的大頭，可是她沒有拿代言費，只領過一次演員費。家長控訴食品廠商侵犯簡小妹的肖像權，推出張君雅系列，一連四款，每個月多賺上千萬元。然而，廠商卻聲稱是早就設定好人物特色和名字，連卡通圖案都是先畫好的，簡小妹只是模仿

本人甄美麗（以下簡稱為甲方）為兩光文化創意公司（以下簡稱為乙方）所創作的藝術作品擔任模特兒。簽約時收到酬勞________元後，出讓本人肖像權。同意乙方就符合法令之範圍內以任何形式，片段或整體提供作任何媒體使用，並放棄任何含本人形象之完整作品的權利。 授權人（模特兒）：甄美麗　（簽章） 身份證字號（或護照號碼）： 地址： 電話： 出生年月日： 監護人：甄愛前（若模特兒未成年，必須由監護人簽名） 監護人： 中　華　民　國 ________ 年 ________ 月 ________ 日

肖像權協議

立約人：甄美麗 （下稱甲方）
經紀人：兩光文化創意股份有限公司（下稱乙方）
甲方自__年__月__日起，至__年__月__日止（或年限）為止，參與宇宙超級名模事業，雙方同意訂定本約，並共同遵守，條款如后：

1. 本約所指「宇宙超級名模事業」包含在電腦、電視、電腦、網際網路……之選秀活動。（應就事業範圍詳細列舉）
2. 甲方同意為乙方專屬模特兒及藝人，並授權乙方擔任模特兒事業之獨家經紀人。
3. 乙方有其義務為甲方安排表演及製造形象，提高知名度，開發市場。甲方亦同意全力配合。
4. 甲方授權乙方全權經紀國內外之表演競賽，及其它相關之工作其中包括裁判、講評、主持、教學、著作、書籍、電視、電影、廣告，唱片、廣播、剪綵、舞台演出及錄製發行錄影帶、影碟或與其他和競賽及表演有關之事項及肖像使用權，以上所有相關智慧財產權歸乙方永久所有。
5. 本合約有效期間，甲方不得自行或授權他人接洽任何與甲方模特兒事業相關事宜，如甲方違反本條款，應將所得利益歸乙方所有，並賠償乙方之損失。甲方在本合約簽定前與他人簽訂合約（必須詳列於本約後）不在此限。
6. 乙方為甲方安排一切演出，代表甲方商議有關酬勞及配合事項。甲方因本合約所得之收入（含現金, 有價證券, 股權或其他具經濟價值之服務或財貨），扣除稅款（此指該筆收入應付稅款，非指也不含甲方之個人所得稅）後乙方抽取百分之________作為經紀費用。若該筆收入未能與本約存續期間入帳，甲方仍有該經紀費用之請求權。
7. 合約期滿甲方擁有優先續約權，如雙方不擬續約，應於合約期滿前兩個月以掛號信函告知對方。本合約甲、乙雙方之通知，應以後列簽署之地址為準，如有變更應於事先以雙掛號信函通知他方。
8. 甲方因個人，家庭因素或其他不可抗力之事變必須短期暫停表演者，得依上述停止日數自合約中扣除並照數順延本合約終止期限，如擬提前終止合約，應由雙方進行協議同意後解約。
9. 本合約屬商業機密，雙方均負有保密之義務，除本約經辦人員與法律仲裁之目的外，不得洩漏全部或部分內容於第三者。違反本規定者必須賠償對方損失（包括所損失利益, 以及可能損失之利益）以及新台幣_____元之懲罰性賠償。

（其他未盡事項可增列在這……）
本契約自簽約日起生效，一式兩份，甲、乙雙方各執乙份為憑。

授權人（創作人）：甄美麗 （簽章）
身份證字號：
地　　址：
電　　話：

被授權人：兩光文化創意股份有限公司
代 表 人：
地　　址：
電　　話：
營利事業統一編號：

中 華 民 國 ________ 年 ________ 月 ________ 日

經紀約範本

圖案來演廣告，沒有侵權問題。

這樁案件仍在進行中。台灣法界複雜奧妙，我們這些凡人無法想像其結果為何，但由此可以學到的教訓是，如果兩造在事前能把肖像權協議簽好，或許就能少點麻煩。（這又是另一種「權」，和著作權不同。）

換個立場，如果你擔任經紀工作，負責「行銷別人」，也記得要先簽經紀約。（見上頁合約範例）

在第二章曾經談過，美學經濟的產業鏈有時很長，參與者眾多，再加上內容本身的財產權定義就有困難，很容易因為彼此利益不一致而產生許多紛爭：通路剝削藝術家；作者不按時交稿，耽誤行銷計畫；電影拍好了，找不到戲院播映；球員每年和球團吵合約，球團每年和聯盟吵分紅，聯盟每年和電視頻道吵權利金……一翻開報紙，案例比比皆是。與美日歐等先進國家比較起來，台灣目前整體的文創事業尚未成熟，以契約來互相約束，公事公辦的風氣也不普遍。但要記住，生意以誠信為本，互利為先，買賣雙方弄得不歡而散，賠錢都還事小，傷了感情就不值得了。畢竟，沒有感情怎麼可能搞出具美感的東西呢？

品牌管理的目標是讓品牌權益最大化。像在第三章談過的可口可樂、BMW一樣，靠無形的品牌來為有形的產品加值，創造出兩倍價值。國際著名的品牌研究專家大衛・艾克（David A. Aaker）認為，品牌管理主要有四大工作：一、品牌知名度（awareness）；二、消費者感受到的品質（perceived quality）；三、品牌聯想性（association）；四、品牌忠誠度（loyalty）。

品牌知名度是市場對於品牌知曉的「廣度」與「熟悉」程度，也就是說，有多少比例的消費者知道你的品牌？當你的品牌符號被提及時，他們是否覺得熟悉？心理學家榮格說，人類心理普遍都有「厭新」傾向，對不熟悉的新事物，總是先保持距離，持負面或至少是觀望的態度，這與美學經濟著重於新奇的特色正好有所扞格。因此，品牌知名度正好用來翼護新產品進入市場。舉例來說，iPod 如果不是有蘋果品牌的翼護與支持，是否能這麼快就獲得市場的廣泛接受呢？這是很值得懷疑的。

前面也提過，人的注意力是有限的，因此，消費者對於品牌符號的接受程度只有一定的記憶容量。拓展品牌知名度的挑戰，就在於如何和眾多品牌競逐消費者腦中那有限的記憶容量，而重點在於創造「獨特的銷售主張」(Unique Sell Point，簡稱為USP)。廣告大師羅瑟・李夫（Rosser Reeves）也說過，「獨特的銷售主張會自己脫俗而出，飛向心靈的某個角落……會跳向你。」

用心理學的角度來看，以下幾種消費者心理，可以運用來構想品牌的USP：**合理化作用**，如「把舊沙發丟掉吧，因為他值得更好的」；**酸葡萄甜檸檬作用**，如「小車也有大空間」；**推諉作用**，如「每年才為自己買一套名牌不過分」；**投射作用**，如「王佳芝有鴿子蛋，我也要」；**仿同作用**，利用別人的生活片段或名人證言，「我親愛的自從吃了它，每天都精力充沛」；**昇華作用**，如「愛用國貨，中國不能亡，台灣不能亡」；**替代作用**，如「寧可不穿，也不穿貂皮大衣」；**補償作用**，如「孩子，我要你比我更好」……只是，這種種藝術象徵，往往是「存在先於本質」，創作者先想出來，心理學家後才隨賦予解釋和意義的，很少是先讀了原則，才開發出USP。

從注意力原則來比較，一個好的企業標誌，也就是你的ＵＳＰ，必須容易辨識、容易複製影印（最好是用黑白兩色也能表現）、不隨潮流起舞，還要能經得起時間考驗，而且要簡單有力，深刻到不易讓人遺忘。有人從注意力結構的觀察，提出了一些可以引起長期注意的方法，包括：做些改變、講故事、引起互動、維持真實性等等，最後，廣告的黃金定律就派上用場了：不斷重複，把ＵＳＰ像洗腦般洗進消費者的心坎裡。

事實上，新奇的產品會自己說話，自己告訴你ＵＳＰ。實務上常犯的毛病是，經營者常會主張產品有許多特色。舉例來說，常聽到人家說：「我們學校校舍優美、師資優良、設備新穎……特色不勝枚舉，請踴躍報名。」其實這麼說等於沒特色，倒不如說：「我們學校沒別的優點，就是辣妹很多。」這還比較實際，讓人印象深刻。要強調的還是那一句老話，「少就是多」，ＵＳＰ不是多就好。

品牌讓消費者所感受到的品質。品質也是構成品牌價值的重要部分。但品質這個字眼和美一樣，包含範圍很廣，說不盡。總之，像堅固耐用、美觀大方等等，只要消費者對產品服務採取好的正面態度，就是品質。

談論品質管理，常常是由生產者（創作者）的角度出發，比如說近年最流行的TQM全面品質管理，談的是整體全面的精神、品質第一、團隊精神、顧客至上、持續改善等等。但在此要強調的是，「消費者所感受到」的品質。這與接受美學的概念相契合。也就是說，我們不僅要把東西做得很美，也要讓消費者感受到很美；不僅要把東西做得很好、品質高，還要讓消費者感受得到，然後從心裡把高品質與品牌符號相連結，才能產生兩倍價值。

這時，審美心理學就又派上用場了。又是榮格，他說集體潛意識或因「原初殘餘」，或因「地域文化」，成因複雜，而不知不覺間，我們每個人心中都共同擁有某種心象意識，而且可以被某些對應的「象徵」從記憶深淵勾出來的。舉例來說，看見哺乳的母親，美好溫暖的感覺油然而生；看見蟑螂大蛇，下意識會想要躲得遠遠的。那麼，聰明的品牌經營者就要懂得利用這種集體潛意識的象徵，來創造消費者心中對於產品的品質感受。說到這，你應該明白，為什麼明明是內裝完全一樣的手機、電腦、汽車，作成鋼琴鏡面烤漆、鑲皮革、絲綢觸感，創造出奢華價值，就是讓人覺得品質高，可以賣兩倍價錢！

品牌的聯想性，指的是消費者會將品牌和什麼事物做連結，包括品牌象徵、使用情境、品牌符號、品牌性格等等。一旦品牌與消費者的品質感受產生連結後，它就會發生象徵性的作用——只要看見品牌，相關的聯想就會自然跑出來了。榮格曾在書中提過：「聞到鵝味就想起幼年農場生活。」相同的，成功的品牌也有類似的作用。就我自己而言，每次握著易開罐的可口可樂，就會想起在國外求學時，做實驗搞到半夜，走在大雪中回家，拉開凍住的可樂拉環時的感覺，也因此覺得手中的可樂特別冰涼；而每次握著玻璃瓶的可口可樂，就會想起國中時在冰果室打撞球的感覺，因為配著滾燙的黑輪湯喝，總是覺得可樂不夠冰。

品牌忠誠度，這是品牌管理的最後一項，也是前三者都成功了以後，才會發生的。消費者從對功能和品質的肯定，轉而對品牌符號予以認同，熱烈地予以支持。這是很奇妙的心理轉變過程，看起來就像人類從原始「有形有質」的偶像崇拜，轉而崇拜「無形無質」充盈宇宙的神妙大能。消費者認同了勾勾鞋一定能跳得高、開BMW就是有江湖地位、可口可樂才是真的可樂的邏輯，就是美學品牌經營者歡呼收割的感動時刻。

這裡對於品牌忠誠度如何經營不多做著墨，要提的是，品牌忠誠度是來自「認同」的美感價值，也就是使用者認同了品牌所帶來的美感。它無形無質，只在消費者方寸之間，也因此特別脆弱，容易被破壞。而破壞者常常不是來自於外界的競爭者，而是禍起蕭牆。經營者常常一個不小心，就把原來辛苦建立起來的象徵性、符號性美感給搞砸了。我們看到台北地標性的中正紀念堂（或稱自由廣場），原本象徵著一段歷史、一個時代（無論是好是壞），是來台遊客必遊景點，但一不小心被改了名，原來的歷史感全消失了，遊客也跑了，可惜。

服務管理

在美學經濟中，服務可以分為兩個層次：低層次的「必需服務」，以及高層次的「奢華服務」。必需服務是指附隨著商品的基本服務，一旦缺乏，商品無法銷售，也無法成為商品，例如郵購包退包換的服務、汽車保固的服務等等。這一類的服務是你本來就要做的，與能否創造美感價值無關。所以，我們這裡的討論重點擺在高層次的奢華服務，透過提供奢華體驗，創造出美感價值的服務——如何有效地提升消費者的奢華感，進而使其覺得這錢花得值得，真有兩倍價值，就是所謂的奢華服務管理。

分析奢華感受的來源，有兩項組成因素：其一是「**與眾不同**」，甚至是「**我有你沒有**」的排他心理作祟。比如說，名媛淑女穿上當季名牌高檔貨參加晚宴，打扮得漂漂亮亮出門，超奢華。但到了派對一進門，卻發現死對頭穿著一模一樣的衣服，奢華感頓時煙消雲散，恨不得找個洞鑽進去，一點都不奢華。第二個組成因素是「**新奇**」，前所未見，好看好玩，好比買手機時就是要挑最新款式，以顯示出自己不落伍，趕得上流行。

然而，對經營者來說，尤其是對於實體產品的生產者，提供消費者奢華感受卻是一項艱鉅的挑戰。就拿衣服來說，同樣款式的衣服，大量採購大量生產比較容易有規模經濟，比較便宜。那麼，要如何能同時滿足與眾不同、新奇獨特的市場要求呢？答案就在於「服務」。

邏輯是這樣的：即使沒辦法提供許多不同的款式給消費者，但我們能透過服務的方式，讓其感覺與眾不同。也就是說，直接與消費者溝通，喚起他潛意識中屬於個人的深沉情感，讓他覺得與眾不同，覺得你的服務真特別。丹席格說：「奢華就是幻想。」我們透過服務的方式，幫助消費者實現幻想，就是奧妙所在。

東京秋葉原不只是著名的電器街，還有名聞遐邇的女僕店，穿著荷葉邊圍裙的可愛少女，跪在宅男消費者的腳邊呼喚：「大人、主上……」這其實就是一種滿足蘿利塔情結的服務方式，奢華感不是來自於那一杯平凡的咖啡，而是**儀式、裝飾與故事性**。

千萬不要輕忽儀式的功能。日系百貨公司在每天開業前，常會要求服務人員站在門口做操喊口號，讓路過的人覺得莫名其妙。其實，這看似不必要的儀式，對內可以讓服務人員更專注於所從事工作的深層意義；對外則是宣示紀律，承諾更高的服務品質。就如同結婚儀式的功能一樣。其實結婚何必花錢請客？上教堂？兩個人去戶政事務所登記不就行了？但這儀式是讓新郎新娘理解到，一旦在大庭廣眾前回答「我願意」，從今日起，就得對另一半負責到底。

消費者就是美學經濟經營者最重要的「另一半」。服務人員要有高雅出眾的裝扮（裝飾）、貼心的試穿建議、最好能幫助消費者別撞衫，塑造商品的獨特性，還要能說出商品的故事，例如這個皮件來自義大利，一條牛只能取六片，而且用的還是三個月以下的小牛，然後由米蘭的師傅手工打製，費時七七四十九天等等，消費者聽了奢華感自會油然而生，慶幸買對了，的確有兩倍價值！

在服務管理中，還有一條永恆不變的真理：你必須先滿足、取悅內部顧客，才能滿足、取悅外部顧客。所謂的內部顧客，就是組織內的員工、服務人員。服務的本質是高接觸性，一對一的，由人來服務人。如果員工永遠擺著一張臭臉，顧客是絕對不可能從你所提供的服務中，感受到任何美感的。如何取悅外部顧客或許是一項困難的修練；而取悅內部顧客則相反，任何老闆都不用人教，自然就會。訣竅是什麼呢？「將心比心」四字真言而已，提高待遇、別裁員資遣、多放假聯誼、時常關心問候……只看老闆願不願意做罷了。

設計管理

設計是產品美學價值的主要來源之一。但由於設計的複雜與多元性，以致於建立一套放諸四海皆準的設計準則，事實上並不可能。而管理講究的是標準化、程序化，正好與設計追求新奇性、積極求變的概念有所矛盾。進一步來看，所謂「設計管理」的學問其實並不存在——設計燒烤店的服務流程與設計休閒鞋根本是不同的學問。設計管理的學問尚在摸索、萌芽的階段，也沒辦法編出一本書，有系統地告訴你如何第一步、第二步、第三步地完成一個好設計。

由於這些跨領域知識的深度和廣度，再加上設計人員日益分工的結果，所以「從來沒有人能簡易地截取跨越各設計學科的知識」。如果想要的話，我們可以洋洋灑灑地列出好幾百項設計法則：80／20法則、古騰堡圖表、臉部主義、黃金比例……，這樣一來，或許可以讓你做出較好的設計，或許可以幫助你增加設計的美感，也或許可以幫助你影響使用者對設計的認知。但我們一定要謹記在心，這些法則並不是全部，也就是說，一定有許多法則沒有被歸納進來。而且，法則之所以只是「法則」，而不是「原理」或「公理」，是因為其不存在必然的因果律，不見得你照著做就會對。寫作原則大師威廉•史壯克（William Strunk，著有《風格的要素》這本經典，想寫書的人一定要看）告誡我們：「最好的設計師有時並不理會設計法則，通常會因為違反法則而做出一些補償措施，除非你確定也能做得這麼好，否則你最好還是遵守這些法則。」

當然，設計與設計者的思維模式密切相關。全球知名設計與創新顧問公司IDEO（這家公司是每年各項設計大獎的常勝軍）總裁提姆・布朗（Tim Brown）曾在《哈佛管理評論》上談到，「和大眾觀點相反，你不需要穿怪異的鞋子與黑色的圓領衫，才能成為一個設計思考者（design thinker）。」設計者也並不一定都要從設計學院畢業，許多非專業設計者，擁有自然的設計思考才能。布朗分析出五種人格特質：

一、同理心：以人為本。以他人，尤其是使用者的角度來觀察，發現潛在問題。

二、整合思考：跳脫現有的框架以及繁瑣的細節，以整合的角度來全面思考問題。

三、樂觀主義：相信問題一定有解答。

四、實證主義：不僅願意提供各種創意方法，也願意不懼困難地加以實證其可能性。

五、團隊合作：美學經濟有雜色團隊的特色，好的設計思考者願意與不同領域、專長的專業人士協同工作，以團隊合作代替單打獨鬥的英雄主義。

滿足個別設計需求的技巧已經很純熟，坊間關於美術設計、廣告設計、建築設計等等產品美學設計的參考書，多得不勝枚舉，所談論的多是設計技巧面的問題。建議在設計需求發生時，如果自己無法參透，最好尋求專業的設計諮詢。

最後，正如帕斯楚所言：「我們對於美學的未來，要擔憂的不是設計不足，而是設計過當。」接下來，以產品或服務設計概念為前提，我們要提出一個更重要的問題——我們常說「科技，始終來自於人性」，人性對於設計的要求是什麼？在此歸納出兩項大原則，分別說明如下。

能有多簡單就多簡單

・避免重複

許多的產品或服務設計上，常會讓消費者重複目的相同的流程。回想一下你到銀行申辦業務的情境，小姐會拿出好幾張申請表，每張都要求你填上一模一樣的身分證字號、戶籍地址、出生年月日，再逐一簽名，不小心寫錯字還要全部重填。更狠的是，她到後面辦公室走一圈，回來告訴你，「主管說還要再填這兩張！」

我們當然可以體會，是法令規定或公司程序要求她得這麼做。可是訂下這些規定的人，也就是設計服務的人，確完全沒有考慮到這些表單作業設計的原意：確定站在櫃台前面的這個人就是申請者本人！如果只是這樣的目的，簽名就夠了，頂多照相存證不就好了，數位相機便宜得很。資料也只需要填一次，甚至可以讓機器、行員代勞。不但省下了客戶的時間和麻煩，也大大提升了內部作業的效率，不是嗎？

服務流程中，這種重複現象相當普遍。餐廳服務生老是問顧客：「這份菲力是哪位的？」實在相當令人厭煩。剛剛不是才向你點過菜嗎？不是寫在菜單上了嗎？還問！餐廳裝潢得再美、氣氛再浪漫也會被扣分，談什麼美學經濟呢？

檢討一下服務流程吧！如果真有重複的必要，就讓服務人員去做，少煩你的客戶，讓他舒舒服服地享受！

產品設計也常發生類似的問題。客戶都已經點「下載」了，還需要問「是否存檔」嗎？客戶都已經把光碟放進播放機，還要按幾個鍵才能看到電影呢？小朋友到底要拆幾層包裝才能看到外婆送的生日禮物呢？

檢討一下產品的操作流程，可以減少一個步驟，就減少一個步驟。除了少數科技狂人，絕對沒有人喜歡煩人的步驟！

・簡化介面

想想你手上的電視遙控器吧！一整個晚上你只用了「電源」、「向上選台」、「向下選台」、「音量放大」、「音量變小」這五個鍵。那其他十幾個鍵是拿來做什麼的？真的有必要嗎？如果真的有必要，只是不常用，能不能先藏到別處去呢？（你找得到DVD的字幕開關嗎？）

iPod的成功就是這麼一回事。

・減少學習負擔

麻省理工學院的麥可・德托羅斯教授（Michael Dertozous）講過一個有趣的例子：一部車有上百萬個零件，但只要學會轉動方向盤、打排檔、踩踏板三件事，任何健康的成年人都可以在十分鐘內學會開車（開得好不好是另一回事）；但是，一部電腦只有一萬個不到的零件，卻需要學習上半年方有所成。這不是很矛盾嗎？只要到書店看看，電腦書有好幾櫃，卻沒有幾本是在教人開車的，就知大師所言不虛。

現代社會大家都忙，好不容易要休閒娛樂了，你卻先要求客戶先讀完幾十頁的產品說明書，不是故意找麻煩嗎？

經營異國風情料理店，客人才脫下西裝，舒舒服服地坐下，服務生卻跑過來先問七個問題，接著又說，「讓我來為您說明一下怎麼使用這個鍋……」劈里啪啦講了三分鐘，讓消費者神經緊張、頭昏腦脹，深怕一個操作不好引發一氧化碳中毒。如果服務生能把那句話改成「讓我來為您服務一下……」一樣的三分鐘，客人對您的小店印象會差很多。

切記，學習是件好事，那是指你自己多學習，不是讓消費者多學習。

專注於主要目標

‧太多特色等於沒有特色

產品或服務的設計要有特色。但常常在創意發展的過程裡，太多的聰明人會加入太多的特色，搞到最後，消費者也搞混了，連設計者自己也忘了最初想做的到底是什麼。

有位朋友很有創意，看到美學經濟的趨勢，就想要邀集一些文化界的名人開班授課。果然，雖然收費特別貴（別忘了，只要和美學經濟扯上邊，等於兩倍價錢），一開班還是受到熱烈歡迎，學生蜂擁而來。上課的學生個個有創意，設計出相當棒的作品。於是，漸漸地他也賣起唱片、出版書，甚至開起美食烹飪班。過了半年後，他決定擴大招生，卻忽然間發現報名的學生少了，書也賣不出去，唱片也銷不好。原因很簡單，他忘記了當初創辦時堅持的特色——名人開講。學生報名不是因為他的課程特別好，而是因為名人；有些貴婦來上課只是想看看崇拜的藝術家，有些初出茅廬的小夥子只是想透過上課機會來取得入行門票（別忘了「守門人」結構），他們才不想聽隔壁的李媽媽教做菜。

當事業加入太多特色的時候，反而稀釋且混淆了原有的特色。這是常常發生的問題，尤其是在這個到處充滿創意氣息的美學經濟體。

產品設計也常犯這個毛病。看看電視上廣告的那台冷氣機吧，它會除塵蟎，預防兒童氣喘；它會製造臭氧，提高空氣品質；它甚至靜悄無聲，讓夫妻生活美滿……但你一買回家，它不涼！怎麼開、怎麼按，不涼就是不涼，是不是令人火冒三丈？

要專注在主要特色的發展，心無旁騖，別忘了「少就是多」。

‧太追求完美等於浪費

經濟學通常是追求「邊際效益最大」，而不是整體最大。過度的完美常常意味著低落的成本效益。有藝術傾向的企業家常常會犯這個毛病，比如說，寫一份企畫案才花兩個小時，結果卻花了兩天的時間做排版美編；做老師的也常收到學生交來內容空洞但印刷精美的作業；也曾看到一位事必躬親的高階主管，為了五分鐘的簡報與電腦奮戰三天三夜。太過追求完美，不但浪費了地球資源，還會浪費你寶貴的生命。

不要忘記偉大的諸葛亮是怎麼死的：管理幾十萬的大軍，凡該打屁股二十下以上的人就要親自審理。這樣不死才怪！考試七十分就算及格，你為什麼要追求一百分呢？有經驗的人都知道，那多出來的三十分通常要多花好幾倍的精力與時間，而且到底有什麼價值或意義還很難說。

然而，千萬不要搞錯了，這不是教你不要追求完美，而是不要追求過度的完美。如果你連及格都辦不到，這一點就當作你沒看到吧！

・避免累積錯誤

有些錯誤是堆疊在以前的錯誤上，就像齒輪一樣，互相卡住，愈疊愈高，愈錯愈嚴重，終至無法收拾。好比政客們一開始只是撒個小謊，但謊話愈來愈多，到頭來得說更大的謊來掩飾。老是被人罵翻天的 Windows 就是最好的例子，由於要顧及「向上相容性」，使得較新版的軟體始終無法徹底解決前版的問題（其實這是軟體工業的宿命）。

這種現象也常發生在歷史悠久的老店，他們或是因為舊時的生活習慣，或是由於舊時的文化和美感需求，設計了不符合當今潮流與效率需求的產品及服務流程。一些老店的第二代、第三代實在悲哀，老在小攤上彎腰撈麵，不得關節炎、媽媽手才怪；而老在過高的貨架上翻珍藏，總有一天會被自己的珍藏砸破頭！

顧客喜歡的是你的產品和服務，而不是喜歡聞你渾身藥味。把這些累積的錯誤都改過來，專注在主要目標上。

‧太聰明等於不聰明

現在幾乎所有產品都訴求「智慧型」，那是因為我們剛才提到設計原則：「能有多簡單就多簡單」，你的產品或服務必須夠聰明才行。

但這裡要講的是，聰明是必要的，但千萬不要太聰明。朋友曾經有台超智慧型涼風扇，只要按一個鍵，它會自動依照人體所在的位置、當時室內溫度等等參數，自動計算出風力要多強，還會模擬自然環境，送出一陣一陣的涼風。但沒過多久，朋友就把它送人了（本來是想砸了），因為他每次滿身大汗淋漓地回到家，從來沒辦法把它固定在「最強風」。

此外，one-touch 最怕的是，明明其他功能零件都好好的，好死不死，就那個電子按鈕壞了，等於所有功能都喪失了，完全動彈不得。拿去修，貴到店家會勸你不如買台新的。這樣的產品還會有客戶想去買第二台嗎？

有時候聰明體貼的服務也有類似太聰明的問題，舉例來說，去服務良好的美食餐廳，每幾分鐘就有服務生走過來問：「先生，我可以幫你收盤子嗎？」被這麼一問，總是令人很尷尬。（拜託，我還要吃好嗎？我好喜歡那個盤子！）請訓練服務人員更敏銳一點，客人需要服務時會招手的。

別忘了，「機關算盡太聰明，反誤了卿卿性命。」客人才是主人！顧客至上，他需要你聰明的時候，你要很聰明；他不要你聰明的時候，你最好乖乖裝笨！

師父帶入門，修行在各人，了解美學經濟的關鍵要領之後，還是得靠實務練習才能見效。接下來將以兩位大師，王偉忠先生和溫世仁先生的例子來引證。王先生是藝術家出身，三十年奮鬥，成就了自己的影視帝國，他是**從美學走向經濟**的典範；溫先生已經過世，他是科技產業的商人出身，後來全心投入了文化創意產業，是**從經濟走向美學**的典範。

從美學走向經濟：王偉忠與電視製作

產業結構與事業機會

電視節目製作是標準的美感內容產業，現今有標準的「觀眾／守門人（頻道）／內容（節目製作）」三段結構。由於內容很難變成錢（請見第二章），節目製作者無法直接向觀眾收取閱聽費用，只能透過節目插播廣告的形式，間接向想推廣產品的廣告主收取費用。雖然節目與頻道數位化的趨勢有可能改變這種基本生態，慢慢演化成使用者付費，即由觀眾付費才能收看節目的形式。根據「台北市廣播電視節目製作商業公會」的沿革報告，廣播電視製作公司規模在一九九八年達到五百七十三家，相對於一九八六年的二十五家，大幅成長約二十三倍，新興網路節目包括IDTV、VOD等的陸續加入，使製作市場更加蓬勃發展。展望未來，在全球網路化的大趨勢下，網路通訊、多媒體視訊、家庭連網等的日趨普遍，將對電視製作產業產生相當的影響。

回顧早期電視史，電視節目是由寡占的電視台自行出資製作。電視台裡面，演員、製作、後製作、廣告行銷等等人才一應俱全，而且均以固定員工的方式雇用。然後，隨著內容漸漸「分眾化」，觀眾口味不斷變化，收視率波動漸大，也就是廣告營收的風險漸漸變大，外包節目製作的事業應運而生。在台灣，電視台的主要客戶是依照尼爾森民調（AC-Neilsen）每週發布的收視率調查來分配電視廣告的預算。收視率愈高的節目，將獲得愈高的廣告收入。對以廣告為主要收入來源的電視台而言，如果投資重金製作的電視節目不符合觀眾的胃口，導致收視率低落，結果就是嚴重的虧損。所以電視台會將節目的製作與廣告業務一起委外給所謂的外包公司來製作，單純只收取播出的時段費用。這樣一來，可以大大降低財務上的波動性。

在這個案例中，市場，也就是最終觀眾的需求，催生了新的商業經營模式，電視節目製作產業與組織形式產生了結構性變化。而王偉忠先生就是最早期的從業人員；他後來自行成立了「福隆」、「數位」、「金星」等外包公司，承接電視台的節目製播，至今超過三十年。

品牌與組織

值得玩味的是，電視台把節目外包，卻仍要號稱是自行製作，或者不准掛上外包公司的品牌，以避免媒體效果被外包公司給利用，造就了強勢品牌的供應商。這種上下游之間緊張的品牌競合關係，使得電視製作公司常常擁有「多品牌」，就如同王偉忠先生的公司一樣。甚至，會為了某一個節目另外成立一家公司，但其實，骨子裡還是同一群製作班底。這個現象，我們在文化創意產業中屢見不鮮，好比出版本書的城邦文化，旗下有多達三十餘個出版品牌；又如明日工作室，也是為了不同的產品線設計不同的品牌……或因為租稅財務的考量，或因為品牌屬性的聚焦，總之，另立品牌的原因不一。

前面提過，現在消費者的注意力被嚴重分散，「多就是少，少就是多」。多品牌策略顯而易見的缺點是：媒體的聚焦效果變差了。而王偉忠先生的因應作法，是建立「偉忠幫」的品牌符號，即使在旗下的節目中沒法打出自己的品牌，也要利用各種媒體曝光的機會，去強調這三個字。久而久之，觀眾一眼就能看出那些節目是偉忠幫的風格，用的是偉忠幫的藝人，隨著曝光頻率增加（同一時間有數十檔節目），網路效應一發酵，品牌威力愈來愈強，偉忠幫現已成為創新節目的代名詞。

由於台灣的電視廣告市場與其他國家比起來相對較小，每年約只有十至二十億美元的市場。有幾家先進入這個產業的舊廠商，藉由阻斷所有的廣告業務窗口，幾乎寡占了全部的市場。他們與所有電視台、廣告主、廣告業務人員等結合成一個牢不可破的共生體系。書面化的資料常僅有法律和形式上的意義。這種隱性的交易方式，有效地隔絕了新進入者。

舉例而言，金星娛樂的所有的業務、企畫……在初期幾乎全部由王偉忠先生一個人負責接洽談定，其他人員只負責執行細節的問題。業務上，幾乎無所謂的「授權」與「分工」。經過多年人才的培育，王偉忠才逐漸培養出一批有業務能力的創意人才。

翻開國內主要製作公司的股東名單，都是由二至三個人所形成的小型集團，這是台灣電視製作圈非常獨特的現象，與歐美各國以大型財閥企業化經營的傳播媒體製作生態迥異，形成了「圈內」、「圈外」的區別。「圈內」是一個交纏複雜的金錢與人脈關係所構成的網路。圈內人掌握頻道與內容製作，也進一步掌握住所有的廣告預算分配流向。無論節目構想好壞，圈內人往往不需要非常精細的企畫書，就能得到支持。而圈外公司若想要做電視節目，就必須有完整詳細的計畫與提案，還可能必須自行負擔節目製作的費用，甚至還必須自行招攬廣告、購買頻道時段，這對其他新進製作公司而言，是巨大的進入障礙。

在這裡我們也可以看到顯著的「網路效應」。根據最新的統計資料，影視製作產業的市占率（亦即所製作節目占所有節目的比例）呈現集中化的趨勢，大者恆大，小者恆小；收視率報告也告訴我們同樣的結果。

對新進從業人員來說，要從圈外進到圈內，必須長期接受較低的工作待遇以累積經驗（以剛畢業的大學畢業生而言，傳播界的薪資水準約只有每月一萬八至兩萬三，較平均水準每月兩萬五少約百分之十至三十）。王偉忠自己早期也是圈內大製作人手下的小執行製作，說穿了其實就是什麼都得做的低薪雜工，而談到這段入行歷程，他說自己秉持的原則是，「別人不做的，我來做」，因而得到了上級的青睞賞識。他甚至曾在書中表示：「長官偷懶就是接班機會。」他懂得掌握住機會，終於成為綜藝圈內數一數二的製作人。

創新

美學經濟事業著重創意，而創意附著於人，電視製作公司的人力成本往往高達總成本的百分之六十以上。於是大型的製作公司積極開發自有藝人的經紀業務，如偉忠幫。一方面可以有效控制成本；另一方面又可以厚植人力資本，為節目帶來別人無法取代的獨特性。

對於創意人才的養成，王偉忠先生有獨到的看法：「我唯一要求的是紀律，能在這一行出頭天的人都有點本領，也通常有藝術家的個性，但只有天分還不夠，必須具備落實創意的執行力與紀律。玩票與專業的差別，不在才氣、見識，其實是在紀律。」因此，在他手下的工作人員，可以頹廢卻不許開天窗。他身體力行「藝術家的思想，軍人的行為」，並用同樣的態度來要求創意團隊。

數十年下來，王偉忠先生所製作的節目接連擊出全壘打，獲得觀眾與票房的肯定。一般認為，源源不斷的創意是他成功的關鍵。他也不吝於分享他的創造性經驗，並歸納出五個規則：一、**找到創意起點**。他在多本著作中再三談到他的個人經歷，包括童年的眷村生活、到台北大城打拚的辛酸等等，他是從現實生活中，經長期和細膩的觀察體會而慢慢累積出創意想法。他認為，最重要的是面對問題的態度，如何將負面的困難轉變成正面的思考，他說：「我們這一代解決問題，從不把問題當成『困難』，問題只是個眼前面臨的狀況，自己處理處理，找辦法解決就好，沒人哭爹喊娘的。」這就是在前一章談到的，將「尖端朝下的三角形」，轉變成向上提升的力量。二、**找出與觀眾共同的體驗**。這也是我們一再重複強調的集體潛意識與接受美學，美的作品一定要觀眾能夠體驗，才會發生感動。三、**根據藝人特色發展**。四、**從社會結構發想**。五、**取個好名字**，這一點其實就是符號與象徵的品牌概念。

然而，在光鮮亮麗的影劇生態背後，創意人也有許多不為人知的辛酸。王偉忠先生也曾經製作過許多叫好不叫座的綜藝節目。「太陽計畫」播出不到一個月即告終止。入圍兩項金鐘獎的「青春大王」也播出不到一季，許多觀眾連看都沒看過，在當時還引起一陣討論。其實，新節目的成功率不到百分之五十，但是王偉忠先生認為，「失敗根本不是問題。不敢嘗試，比失敗更可怕。」他深切理解80／20法則——只要一次成功，往往抵得過十次失敗。

行銷

「微笑曲線」的理論在美學經濟產業中是適用的。在這個行業中，利潤最高的工作是曲線最左端的「創作」與曲線最右端的「行銷」，最沒利潤的是中間部分的代工、代製。按照電視製作產業發展的歷程看起來，王偉忠先生的電視製作應該是屬於最沒賺頭的代工業。然而，懷抱著這種看法到了他的製作公司參訪，我們卻大吃一驚，辦公室中完全沒有生產線的氣氛，沒有人在座位上盯著電腦工作，而是一片混亂，典型的雜色創意團隊工作環境。

訪談中，王偉忠先生根本不把自己定位在代工的角色，他要的是最左邊和最右邊。我們再三聽到他強調行銷的重要性，「我們搞行銷的如何如何……」已經成為他的口頭禪。

「把東西做出來」與「把東西賣出去」，看似完全不同的兩門學問，在王偉忠先生身上卻有奇妙的融合。在他的節目製作中，創意發想與怎麼賣是一體的兩面。創意企畫完成時，演員的賣點、節目的笑點、公關活動的爆點、廣告的USP等等行銷企畫也一併完成了。他了解作品必須由觀眾共同完成的道理，如果觀眾不能接受，那作品根本不能稱之為作品。因此，如何和觀眾溝通，讓觀眾理解作品的精神，是極為重要的過程。

「行銷和創作一樣重要。」王偉忠先生的心中永遠有觀眾，就連新書都取名叫《歡迎大家收看》，這就是他成功的祕訣。他最近的成功經驗國人皆知，甚至連外國媒體都來採訪，也就是「全民亂講」、「全民大悶鍋」、「全民最大黨」三部曲，充分實現了他「用喜劇革命」的創意。目前，他擁有最熱門的綜藝節目，他的製作公司占地半條街、員工高達百餘人，營業額年平均成長率達百分之二十，資產超過數億。但是，他仍然每天早起晚歸，堅持紀律不斷創作，徹底實現他「不是妖魔不出活」的創意人生。

從經濟走向美學：溫世仁與明日工作室

在招募人才的網站上，明日工作室這麼陳述企業目標：「讓深度知識的獲得更有趣，讓優質內容的傳播更便捷。」十足的書卷味；順勢往下一看，這家公司的行業別，登記的卻是「網際網路相關業」，讓人有金屬銅線的冰冷感覺。

這是套上戰袍的愛神阿佛洛黛特，是穿著羊皮的狼。也就是說，這家公司屬於外表是科技業的文化產業（或相反），或者可以說是專販美的商人和經濟人。

從企業家到藝術家

回顧十多年前，眾人皆沉迷在最終證實是泡沫的「科技將改變世界」的網路幻夢中，創辦明日工作室的溫世仁先生卻有與眾不同的夢想。「接觸得到人的東西是我最重視的，也是最想要掌握的。」他曾在專訪中談到內容的重要性，「從資訊化的過程來看，內容的形式一直在改變，從最早附加於電腦硬體之內，到獨立於硬體之外的軟體，再到網際網路時代，軟體又轉變為數位內容。」

被未來學大師托佛勒稱為「明日工程師」的溫世仁先生，他把硬體、軟體（科技性、邏輯性、無形的智慧產品）、內容（人文性、邏輯性、無形的智慧產品）分開，並具有層次感地表現出來。更進一步，他又從經濟發展的軌跡來詮釋這個過程的必然性與必要性，「台灣曾是優質工業產品的廉價製造中心；今日的當務之急，是由資本、技術、速度密集的產業，邁進創意密集，發展全球運籌與新服務業。」

那時，溫世仁先生身為世界級硬體大廠的副董事長，身價數十億台幣，卻在五十歲時毅然決然投入文化創意產業，成立了明日工作室，鼓勵閱讀與創作，「致力於人文與科技的結合，以企業化的經營方式，整理並開發人類最珍貴的創意資產。」

當試圖重新發掘溫先生「從經濟邁入美學」這一段心路歷程時，現任明日工作室副總的劉叔慧小姐表示，「他一向做得多、說得少，十足的行動家性格。」溫先生生前有二十餘本著作，都是從大視野去思索國家、民族、世代未來的作品，透露出科技業者少有的人文關懷。直到逝世前，他甚至跨足藝術創作的領域，親自投入武俠小說的創作，一方面期望透過武俠弘揚文化，傳達儒道思維，斧正人心；另一方面，大概也是像但丁一樣「走到人生中段的黑森林」，才體會到唯有藝術不朽吧！

雙元性組織

從劉叔慧小姐的名片，可以看出明日工作室科技與人文、美學與經濟雙元性的展現：她一方面是「閱讀出版事業部副總經理」；一方面又是該公司所出版書籍的「主編」。前者是一個科技公司以事業部型態所建立的科層組織架構；後者是文化出版業者所常用的創意團隊型態守門人的組織架構。這個組織型態可以說是溫世仁先生的大膽創新與實驗。組織的氣氛也可以從明日工作室的辦公室看出端倪，據說辦公室是由名漫畫家蔡志忠先生規畫設計的，電梯門一打開，閃閃發光的是名雕塑家楊柏林先生為武俠大獎所設計的青銅寶劍，會議室裡有溫先生的大幅肖像，辦公室內則是高屏蔽的隔間，非常適合需要高私密性的藝文創作者，而且安靜得落針可聞，完全不像科技業開放性的業務辦公室。

「希望打造一個不同於傳統的創意生產企業。」溫世仁先生在公司設立宗旨上是這麼寫的。「試圖擺脫自己個人狹隘的自我、血統、地域的觀念囚牢，而令自己能自由地通行於時空中不為其所困，打造出更美好的明天和未來，相信這是所有人類共同的期望，這也是我們成立明日工作室的原因。」

黎明前的黑暗

溫世仁先生是最早聞到美學經濟和文化創意年代即將來臨的先驅者之一。他一眼就看出經營資訊產業最關鍵的資產就是**內容**。有了內容，才有後面的商業經營模式可言。溫先生企圖以科技業者的精確，解決文化產業長久以來遇到的瓶頸和門檻。

他的創業核心，始終在於創意。他相信硬體的追求有限，可是軟體的價值無窮，所以明日工作室初期的定位是專業寫作公司，以薪水養一群作家，企望把創意量產。這個實驗後來是失敗的，原因試析如下：

• 文人的心眼。數位內容產業有標準的守門人結構，創作人與守門人或有利益不一致的問題，在「同儕審查」的制度下，容易有文人相輕的弊害，使得好作品不一定能夠接觸到市場。解決的方法在於「引進市場機制」（相關討論見本書第二章）。

• 固定薪水產生的怠惰。《孟子・告子下》：「困於心、衡於慮，而後作。」似乎就宣告了藝術家與安定生活絕緣的悲運。在第一章曾討論過，生活中的種種遭遇，無論是好是壞，都是提煉創作靈感的來源，一旦喪失了遭遇的機會，就更難創造出能讓消費者產生共鳴與感動的好作品。另一方面，顯然科技業的生產線邏輯並無法套用到以創意為主的生產形式。經營創意環境，錢是很重要，但不是最重要的議題。自由才是。而從經濟學的角度來看，解決之道在於「誘因設計」（相關討論見本書第五章）。

• 創意作品無法具體價格化。這就是內容很難變成錢的問題，解決之道在於財產權的設計、引進市場機制等等。

實驗失敗，明日工作室決定捨棄自行創作的路徑，不再找作家寫書。改以取得過去的名著、暢銷書的授權，將內容數位化，轉換成電子書，號稱「讓好書永不下架」。這個版權收購行動又造成一陣轟動，改寫了出版界制式規格的出版合約。

然而，這第二次的創新嘗試又告失敗，因為隨著網路的普及，可免費下載的盜版電子書到處皆是，抓不勝抓；司法效率低落，版權訴訟行動又不敷成本，只好黯然收場。電子書的時代未如預期來臨，因為無論閱讀介面、盜版、付費機制、版權來源都遇到瓶頸，難以突破。內容數位化的結果變成「好書永不下架、盜版書也永不下架」，確實是令人始料未及的。然而，這也給我們一個經營啟示：數位化內容產品的經營，要把其智慧財產特性考量進去。

暴雨後的天晴

世仁先生在二〇〇三年十二月七日辭世，享年五十五歲。在接受《遠見》雜誌的專訪中，他曾提出了「經濟人、社會人、文化人、科技人」的理念，令人深思：

- 工作投入就是人才。

- 相信別人才有發展的機會。
- 我沒有開除過一個人，也沒有留過一個人。
- 領袖要有三顆心：寬廣的心、包容的心、全力投入的心。
- 公司不賺錢，感情再好也沒用。
- 人可以從公司退休，不要從社會退休。

原本明日工作室專注於開發網際網路的事業機會。旗下共有：明日書城、卡通福利園、網路英語教室、總裁學苑等多個網站。在網路狂潮破滅後，他們也積極修正事業發展策略。後期，溫先生在現狀裡找出路，提出「便利書」和「多媒體書」兩種產品。便利書的創意概念其實很早就有：輕薄短小，容易攜帶、容易吸收，也容易在上課開會時拿來偷看，而且紙少頁數少，製作成本低就可以賣得更便宜。然而，過往在超商賣的書通常只是書店暢銷書的精選而已，沒有針對媒體特質來開發內容。溫先生看到這個機會，推出了一系列的便利書產品，包含小說、工具書等等，果然獲得很大的成功。而多媒體書的創意概念則是：書原本只能拿來看，若是閱讀不方便的人，如幼童、老人或身心障礙者，不就無法接觸了嗎？而且，若是能開拓更多的閱讀平台，讓一本書同時可聽可看可讀，不就可以爭取到更多的觀眾，市場不知大了幾倍！

從經濟走入美學的溫先生，他把商業經營的幾個關鍵成功因素都植入了這兩個產品概念中：便利書的核心在於降低出版門檻，壓低書的售價和製作成本（降低變動成本，更容易行銷推廣）；而多媒體書的核心在於提高出版門檻（動畫或遊戲光碟的成本高於一本書很多很多，讓競爭者更難進入），看似互相衝突的兩個策略，最終都占據了各自市場的領先地位。

劉副總認為：「……實驗儘管大膽，卻不能不佩服他另一種科技人的精確，不像一般文人的拘泥。他大開大闔，且無懼失敗，認為所有的問題都有答案，所有的暴雨之後都會有晴天，而他只是勇於投入全付心力去尋找答案。」天佑善人，這個實驗目前看來是成功的，在各大超商販售，輕薄短小的「明日便利書」是明日工作室現在主要的營收來源。

秉承溫先生的遺志，明日工作室更進一步多方面開發數位內容。我們可以看到即時沖印數位相片的STAR—Q資訊站（KIOSK）在各休息站、大賣場出現。業務持續地成長和進步中。

就行銷上的知名度而言，以溫世仁先生為名的武俠小說大賞，擁有華人文學界最高的獎金額度，家喻戶曉。如果之前的實驗都是他對文化創意產業的理想規畫，那麼，武俠應該算是他的私心小夢，雖然生前他來不及看到這個小夢變成大夢，可是他對武俠的熱情卻不僅只於推動出版和創作這麼單純，他想像的武俠夢土，是讓這個文類變成華人的招牌和特色，且不僅只透過文字。「文字有太多的隔閡、轉譯的誤差，他想像的是一個多媒體的江湖，好的文本只是創意材料，足供無數的廚師做成無數不同的創意料理，可以是動畫，可以是電影，可以是玩不盡的遊戲，一個單一的創意文本，透過這樣的文本才能產生巨大的獲利。所謂的文化產業，才謂之產業，不再只是少數才氣文人的寒窗苦著。」劉副總這麼闡釋著溫先生令人驚訝佩服的洞見。

溫世仁先生去世前，在著作中鼓吹「知識人」的理念，他認為每個人都要至少有一些科技人的思維方式及工作態度，並且要認真地學習他們的優點：這包括了相信事實、一分證據說一分話、對的就要堅持，錯的就要放棄，並且要追求創新，相信失敗無罪，更要是目標導向，目標既定就全力以赴。當時，美學經濟這個名詞尚未出現，他就像未卜先知般地說了：「……科技可以『富國』、『強國』；人文則可以『立國』、『興國』；兩者當然要相輔相成。一個社會擁有現代的厚實科技，又同時擁有無處不在的人文精神，那就變成了令人羨慕的國家……」

題外話，本書寫作前，一直反覆論辯探討著美學經濟的本質，卻發現科技與人文的二元思考中間，有一道難以跨越的鴻溝。那時，報上刊出日本著名的寫真女星星野亞希的一段話：「我要讓日本變成美麗的國家，最好全國都是大奶妹！」不知讀者有沒發現，這和溫先生的最後一句話居然起了共鳴。

我們忽然驚覺：**科技與人文的整合，美學與經濟的對話，二元對立的消除，就是美學經濟成功的祕訣**。

作為一個充滿創意遠見的科技人，溫先生最大的貢獻不在於創作了什麼高深的著作，而是他不斷提出的對策、實驗、理想和挑戰，不但實現了他自己，也讓許多認識他、接近他的人，得到可貴的啟發。

案例訪談結束時，劉副總的語氣充滿懷念：「要做一個夢想者很容易，大作白日夢即可。但要做一個有行動力、有決斷力的夢想家，卻很難成功，溫先生絕對是，可敬的夢想實現家。」

Prospect of Aesthetic Economics

Chapter 5 美學經濟的展望

創造者不在創造物裡。

這是為什麼我培養你潛心學習，日後詩歌會奇蹟地教你燃燒起來，帝國的儀式與習俗會使帝國植根於你的心內，因為沒有一種稟賦不需要你的準備。不蓋好房子準備接待也不會有客人來訪。

——聖修伯里，《要塞》

無論從什麼角度來看，美學經濟都是建立在「文化」與「創新」的基石上。缺乏文化的累積，創新就沒有立足點，引不起社會的共鳴，容易流於空想（甚至根本不入流）；而缺乏創意的文化累積，難免死氣沉沉，也激不起什麼火花。唯有把文化與創新這兩塊基石打穩了，才有美學經濟的未來。

前面強調過，美學經濟不單是文化創意產業，比如說窩在地下室做工業設計的工程師，實在很難讓人將他與吟風弄月的詩人畫家聯想在一起，但他切切實實是美學經濟的工作者。仔細一想，這應該是產業的定義與分類出了問題——定義太過模糊，分類太過狹隘所致。如果我們把所有因創意與文化的創造行為而產生美學價值的產業全算進去的話，那麼沒有一項產業不具備美學經濟的概念。也就是說，沒有任何產業不算是文化創意產業，每樣產業都是文化創意產業，都是美學經濟！

從產業經濟的觀點出發，文化創意產業的確是美學經濟的重要表現方式。這類產業有個很重要的特色：它的「投入」（input）有一大部分是無形的智慧資產，而「產出」（output）有一大部分也是無形的美學價值。淺白地說，就是「用無形的東西生產無形的東西」，買空賣空啦！

天底下還有什麼生意比買空賣空的生意更棒的呢？

更有趣的是，美學經濟衍生出另一個特色：自我消費、自我滿足。消費者要有無形的素養，才能消費無形的產出。就如村上隆所言：「不管是藝術家、作家，或者是評論家，大家都一個接一個成了學校老師。」再用更簡單的比喻：農夫生產的東西大部分都給其他人吃了，而家具商生產的桌椅大都不是自己使用的，然而，畫家畫的東西大都只給懂畫的人看，而且畫家教畫，自己創造出懂畫和買畫的人。當代女哲西蒙娜・薇依（Simone Weil）曾經這麼形容教科文事業：「……一種教師用來生產更多教師的工具，而這些教師又會生產出更多的教師。」

有什麼生意比生產者可以創造消費者，而消費者也能變成生產者的生意還要吸引人的呢？

不僅如此，美學經濟產業還有顯著的外溢效果，能刺激其他產業以及區域經濟，如觀光產業、服務業等等。我們可以看到世界各國都在朝美學經濟、創意和知識經濟的方向努力，舉例而言，英國政府在一九九七年即著手規畫創意產業籌備小組，使英國的創意工業在一九九七至二〇〇〇年間，以平均每年百分之九的成長率蓬勃發展中；二○○○年，英國的創意工業產值已占GDP的百分之七點九。在法國，政府強勢介入文化事業，提供各種補助和獎勵，尤其是針對設計產業及服飾產業，讓法國人不只賣紅酒、賣羅浮宮、賣香水、賣皮件，還賣形形色色的生活風格，使得巴黎引領全球流行。日本則早在一九九五年即確立「文化立國」的策略，並在二○○三年通過「文化藝術振興基本法」，明確將音樂電影等等文化產業列為國家重要的發展策略。

基於以上理由，我們可以說：「沒錯，創意真是好生意！」「真的！文化是一門好生意。」

正確地說，美學經濟才是一門好生意。

而對於產業輔導責無旁貸的政府，在美學經濟的追求中，應該扮演什麼樣的角色？在此我們花點篇幅加以討論。

政府與政策

還有什麼比市場更公平呢？
還有什麼比市場更民主呢？

關於美學經濟的扶持，先驅者溫世仁先生在書中講過一個「三個窮人」的故事，在此稍加擴充改編如下：

小達、小文和小西三個窮藝術家住在同一個屋簷下。有一天，小達的姨媽來訪，借給他兩塊錢。小達很感激，於是給了小文一塊錢，請他幫好心的姨媽畫張肖像畫；他也給了小西一塊錢，請他幫姨媽刻雕像。小文和小西都完成了很棒的作品，街上人們也很欣賞，嘖嘖稱奇。他們兩個人很高興，覺得很有成就感，於是各給小達一塊錢，請他用鋼琴演奏一曲以饗大眾，街坊所有人都陶醉在優美的琴聲中，並開始掏出錢包。小達收了賞金之後，把兩塊錢還給姨媽，姨媽高興地離去了。

在這個故事中，那個姨媽就是政府應該扮演的角色。關鍵不在於給錢，而是在激發剩餘的勞動力、智力、創造力，最後還得「把錢拿回來」才行，這個「成本／效益」的觀念很重要。但現在的政府，要嘛不給錢，要嘛只給錢，不談效益，更糟的是，用一大堆假數字企圖粉飾太平……每次看到那些閒置的蚊子館和網站上空洞的專案研究報告，實在令人難以認同。

因此，給美學經濟的經營者的第一個建議是：不要依賴公共機構，包括政府。

「不要相信政治數字！」管理大師彼得‧杜拉克這麼說，他認為公共機構「比最喜歡『官僚化』的公司還難以創新」，原因有幾項：

首先，「現有的制度是機構邁向創新過程中難以克服的障礙。」前文提過，美學經濟產業常常有先占優勢，在正向回饋下，大者愈大，小者愈小，進入市場的時間成了競爭的重要因素，所以你絕對不想站在公務人員的櫃台前聽他說：「現在沒有這個規定，所以我們得報請長官研究研究……」然後一等三年五個月，等到你的提案通過時，才發現競爭者已經成了某某教主或領導品牌。

其次，公共機構的財源最主要是靠「預算」，而非依靠工作成果所獲得的報酬，也就是說，他們並沒有誘因去把事情做好。當代第一流的華文小說家阿城描寫過這個心態：「搞腐化，您聽見喘了？……告訴您，現在要講法制了。再說了，我坐在這兒，是這麼多錢，我跟了您去，還是這麼多錢，您說，我跟不跟您去？」

彼得．杜拉克認為，公共機構的成立，主要就是要「做好事」（do good），這意味著機構成員視自己的任務為一種絕對的道德事務，而不是經濟性及需要計算成本效益的事務。

經濟學家做過一項有趣的研究，他們比較冷戰時期奉行共產主義的蘇聯與奉行自由經濟的美國兩地的煉鋼廠產量，兩家工廠的生產條件類似，不同的是，蘇聯鋼廠吃大鍋飯，美國鋼廠有業績獎金。結果，後者的產量硬是比前者多上數十倍！

「誘因」對經營事業是很重要的，尤其是對美學經濟產業來說，因為美學經濟產業有智慧密集、人力密集、勞力密集的傾向，成敗與否的主要關鍵和人密不可分。而要驅使人們發揮所長，甚至還要他們創造美感，最重要的就是掌握「棍子」與「胡蘿蔔」：做得好，你賞他什麼？沒做好，你罰他什麼？不外如此。

人們很少會因為道德或其他非經濟誘因去賣命工作，世界上是有德雷莎修女這樣的人，但別忘記，世界也只有一個德雷莎修女。經濟學告訴我們：「違反人性的制度措施是不會成功的。」

此外，公共服務機構要依賴眾多的組成因素。議會、董事會、利益團體、官僚組織，長官上面還有長官、善心人士、惡意人士等等，每一個因素都會造成反應遲鈍的惰性，以及決策效率的低落。道理很簡單，廚房裡容不下兩個大廚，否則，你絕對吃不到熱牛排。

補助、獎勵與腐化

在美學經濟產業中，由於需求的不確定性（消費者品味多變），導致收入不穩定，經營上造成一定的困難。舉例來說，東西做得再美，遇到雨天，大家都不願意出門看展，還是白搭；表演得再好，也有淡旺季之別……而固定性、經常性的支出與成本卻少不得，因此常發生入不敷出的現象。另外，外在的大環境也會變化，不容易掌握，比如最近景氣不佳，消費者信心低迷，首當其衝的就是消費性產業、觀光旅遊業，接下來還會往上游衝擊到生產這些商品的製造業。當生意經營遇到困難時，大家就想要政府來紓困，希望能爭取到公共機構的補助，也就是爭取公共財。

文建會也好、國科會也好，或是經濟部、內政部、教育部、客委會、體委會，幾乎每一個政府部會都有錢可以爭取。他們通常都是以名字很長的某某專案、某某計畫等形式，「公開」徵求提案，然後經過某些專家，以某種形式審查，最後把預算分配出去。

問題來了，這計畫你能做，你也會做，但想申請補助偏偏資格不符，比如說資本額要幾百萬、公司規模要多大等等。美學經濟產業往往「智慧密集」，卻不是「資本密集」，所以你資格不符！美學經濟產業也往往有先占優勢，大品牌永遠具有優勢，你這創業家資格不符！姑且不論這類的資格限制牽扯上綁標之類的骯髒事，然而，不是公司小、沒名氣的人才需要補助嗎？不是新創業者才更需要補助嗎？但最後的結果往往是最需要補助的人得不到補助。

即使資格符合了，費盡心思把案子寫好，送上去申請還是不見得有錢下來。那當初寫案子耗掉的時間、精力成本又有誰來補助呢？現在大型廣告公司間有一種通行的作法，就是若你的公司徵求廣告提案，只要廣告公司提了，不管你讓不讓他做，你就得付提案費。聽起來不錯？但等你長到跟奧美、智威湯遜等大型廣告公司一樣大再說。

而專家審查也常有問題。我們談過，美學經濟產業有一個特徵：每個領域差異性大，都有獨（寡）占者。也就是說，你做的東西，往往就你最熟悉、最專精，還有誰比你更了解，能審查你的作品呢？很難想像聯發科把晶片設計送去申請創新獎勵時，那些評審專家要靠什麼標準來評；更難想像金庸參加武俠小說大賽、朱銘參加雕刻大賽時，評審們要如何替他們打分數？專家審查的作法常產生流弊：一是評審的專業不足，看不出好東西；二是評審為自己的利益扭曲結果。所以，我們常聽到某某大學拿了最多國科會的補助計畫，那可能是因為他們學校的評審最多，私相授受的結果；也常聽到某某團體拿不到某某補助，是因為派閥啦、競爭啦、挾怨報復啦的傳言。腐化就是這麼一回事！從經濟學的角度來看，這都是因為「誘因不相容」，審查者與被審查者利益不一致（或太一致）所致。專家審查制實在不是好制度、好辦法。

也許有人會說，這麼想太過偏激，不如用民主的制度來解決，大家投票，看誰最好，就把錢給誰。這麼做可能更慘，前幾年美國有個歌唱選秀節目，就搞觀眾票選這一招，結果是個五音不全、純搞笑的角色當選，十足的反諷。大文豪歌德說：「我們是自己的魔鬼，我們將自己逐出我們的天堂。」政府是我們集眾人之力成立的，但到頭來，帶給我們最多麻煩與限制的就是政府。同理，政府花的錢是我們繳納的稅金，當我們爭取政府的補助時，卻往往拿不到錢。

無解嗎？不，如果你仔細看過前面的內容，你就會發現，經濟學早就透露了解答：還有什麼比「市場」更公平的呢？還有什麼比「市場」更民主呢？

這不是右派學者的胡言亂語，舉例來說，比較台灣的電影與流行音樂產業，這兩者的相似性夠高吧？前者每年有「輔導金制度」，導演可以拿著劇本創意先到政府機關去弄錢來拍片，不用太擔心票房問題；後者什麼補助都沒有，國稅局還千方百計要查稅。結果呢？台灣電影業奄奄一息，多數的國片只能在戲院放映給蚊子看，但流行音樂卻嚇嚇叫，歌手紅遍東南亞和兩岸三地。

東西好不好、美不美，不是評審說了算，也不是專家說了算。大家拿到市場上去賣，公平競爭，消費者和閱聽大眾自然會給你答案，獎勵就是源源不斷的票房收入和隔年的股東分紅！

就美學經濟產業的扶植來說，對生產者的「補貼」很難會看見實質的效果，反而只是扭曲了市場的結果，使得該贏的不見得能贏，該死的卻死不了。台積電董事長張忠謀對此說了一句智慧之言：「政府不該選擇產業贏家！」對藝術性、美學作品的事前補貼是行不通的，那猶如浪費納稅人的錢，也傷害消費者的品味。

然而，並非要政府限制或吝於獎勵美學經濟從業者，而是強調錦上添花，對能夠在市場上成功的作品給予適當的獎勵，像金馬獎、金曲獎、國家精品獎、國家品質獎……應該以銷售數字、市場反應作為第一考量，給予優秀作品實質上的經濟獎勵，建立經營者精益求精的誘因，如此一來就可以擴大贏者圈。

如果這樣還是花不完產業輔導的預算，建議可以直接補貼消費者。比如說看表演可以補貼票價、買藝術品可以抵稅，如此等等，直接把餅做大。至於誰能吃到餅，就留給充滿創意的美學經濟工作者各憑本事、各顯神通。

最後，要引莎士比亞的名言：「花朵在糞堆上長得最好。」政府應該做的是把糞土堆好，而不是去拉花、揠苗助長。

就美學經濟來說，產業輔導應針對其財產權特質來下手。

先前談過，主要以「內容」構成的產品——也就是智慧財產——由於沒有自然產權，所以是靠人為的方式賦予財產權，因此如何適當地加以保護，成了重要的議題。人們必須「確定能夠享受到」自己努力工作的成果，才會願意努力工作，這是顛撲不破的鐵則。

目前智慧財產的保護有四種主要方式，一般人常常混淆，在此加以說明：

第一、「**商業機密**」（Trade Secret），這可以說是最古老的智慧財產保護形式。古時候的老店，幾乎都有那麼一套父子相授、一脈單傳、連枕邊人都不能洩漏的祕方。只是到了現代，祕方更為複雜龐大，種類繁多，遍布在企業的流程與產品服務中，就變成商業機密。商業機密的保護適用在「別人看到就能照著做」的產品與服務上，並不需要向任何機關登記或申請，否則在登記申請過程中洩漏出去可就糟了。然而，這也造成了保護上的基本困難：要是真的洩漏了，你怎麼證明人家是

關於智慧財產權的保護與規定，可上「經濟部智慧財產局」的網站，有完整的說明。

抄你的呢？而且，如果把原始機密在法庭上拿出來，那就不叫機密了——很多小人專用這一招，他料準了你不敢告，告了更麻煩，因此機密被偷者只能啞巴吃黃蓮，有苦說不出。

第二、「**著作權**」（Copyright），這是從英文帶過來的觀念，顧名思義，就是複製（copy）的權利（right）。著作權的目的，主要是保護你的作品不被別人抄襲複製。有趣的是，很多人都不知道，著作權不用向任何機關申請登記，只要你的作品完成後，著作權就產生了。看來是不是很棒？但其實大有問題，因為沒登記怎麼知道是誰抄誰呢？目前有許多的著作權糾紛都源起於此。司法實務上，是想辦法搞清楚「創作的先後」，但要這麼做很難，因為大家都是關在自己家的車庫裡創作的，法官沒看到，怎麼知道誰先誰後呢？所以，實務上退而求其次，想辦法確定「一方有沒有辦法先看到另一方的作品」，如此一來，也就變成先出版者先贏、先上市者先贏，那麼判決結果總是有利於財大氣粗的一方，也不足為奇了。

證明別人侵犯你的著作權是你自己的責任！法律常識一則：「舉證之所在，敗訴之所在。」因此，想要尋求著作權保護，創作者還是得費一番工夫，證明東西是你自己的，而且是你先做出來的。在此提供幾個小方法：作品完成的時候，封好一份，到郵局去用掛號寄給自己或受理投稿的單位；沒辦法寄送的大作品，也可以拿相機或錄影機自行保存證據。記得，買份當天的報紙放在旁邊一併照進去。這樣一來，將來真的得上法庭時，勝算就大得多了。

我們先前說過，美學經濟的產品與服務往往具有外溢效果，也就是說，成功的、美好的、受歡迎的作品不僅讓作者自己得到豐厚的回報，同時也可以促進人類文明進步和公共利益。因此，著作權的保護是有年限的，在台灣的規定，著作權保護的年限是及於作者死後五十年（有許多其他規定，篇幅限制無法詳述），從事美學經濟產業者往往必須站在巨人的肩膀上，利用別人的創作成果再創造，所以這些相關規定最好先弄清楚。

此外，著作權只保護「形式」，不保護「觀念」。也就是說，你心中有個超棒的點子並不算數，你必須把它寫成程式、畫成漫畫、蓋起房子、燒成晶片才行；用想的，光說不練，不行。而對政府來說，著作權保護是「過猶不及」，不論是因為外國的壓力，或是利益團體的壓力，保護得太過，傷害到的是國家社會的進步，值得商榷。

第三、「**專利**」(Patent)，也就是你有所發明，想要「專」屬的「利」益，不願意給別人享受，也不希望給別人搭順風車。那麼，你就必須到經濟部去申請專利，按照規定把文件填好，他們就會送交專家審查（又來了！），審查通過以後，就會給你一只證明，規定爾後固定年限（通常是三、五年）內只有你能利用這項專利，若有旁人未經授權利用你的發明牟利，你就可以告上法院，要求賠償。

專家審查的問題先前已經論及。而坊間有許多的專利事務所，只要你付錢，他就幫你打點好所有事情。但是，記得要找信譽可靠的事務所，曾經有人把發明送去申請專利，專利還沒下來，卻發現自己發明的東西滿街跑！

除此之外，很多人不知道，申請專利時，必須把你的發明的各項流程、細節，還有祕方，全部交代得一清二楚，還要上網公告。這是為了以後若有人侵犯了你的專利，大家有憑有據，可以查出哪部分是仿的。但是台灣人很聰明，就有人一天到晚盯著專利資料庫看，要是出現新發明或新專利，先仿了再說，先賺了再說，他們算準專利者抓不到，就算抓到了也得告上十年八年，告贏了也不一定拿得到賠償……因此，某些智慧財產是不適合申請專利的，比如說容易被抄襲的東西，或抄襲了也抓不到的東西。在考慮採取專利保護時，宜多做考量。

第四、「**商標**」（Trademark）。商標可以是一個圖樣、一個名稱，甚至可以是一句口號，形式很多。簡單來說，就是代表品牌的符號。要申請商標，一樣得跑到經濟部智慧財產局去填表、經過審查等等，它和專利差不多，也同樣是先申請者先贏。之後，只要你的公司沒倒、產品還在，商標就屬於你的，誰都不能用你的商標去賣東西。

乍看之下，商標的保護形式好像最鬆散。舉例來說，你賣的衣服，別人也能賣，只要他不在他的衣服上貼上你的商標就成。因此，往往設計者苦心構思的款式，過不了多久，帶動起風潮，仿冒品就滿街跑，而原設計者自己卻收不到半毛錢。但是，我們也可以說商標的保護形式是最有力的，為什麼呢？因為雖然滿街都是同樣的款式，但穿上你原創品牌商標的人，**就是不一樣**，就是有風格！

在美學經濟的社會中，這種**就是不一樣**的效應尤其明顯。還記得先前提過的六芒星（見一二九頁）？最上面的尖端就是「品牌」，那是匯聚所有美學價值之所在。一個已經在消費者心中占據一席之地的品牌，單單是那個商標符號，就能產生兩倍價值。（想想勾勾牌飛天鞋？想想值一個月薪水的包包？）因此，別人抄你的設計、學你的服務，一點都沒用，你根本不用去費心去爭執，把品牌經營好才是正道。

大致來說，上面談到的四種智慧財產權保護方式，最麻煩的是商業機密，你得提防東、提防西的，聽說可口可樂的祕方至今還是只有董事會的某些成員才知道，而且要到死前才能傳子傳孫！但是，機密一旦被侵害了，也最難得到救濟。漸次而下，依序是著作權、專利，最後是商標。商標的保護程序最簡單，卻是最有效。只是，經營品牌得花心血，代價也不小。

產業輔導與育成

曾經擔任過政府文化官員的龍應台教授曾在報上，連續三天以長篇文章專論文化政策，她說道：「在辦公室裡，打開電腦，我們所使用的軟件，不管是處理業務的或是增長知識或是娛樂遊戲的，全都是文化產業。一個社會是專注於知識產品的剽竊、模仿、盜賣，還是有能力做長期的研發、大膽的創造，取決於它文化政策的優劣。它的知識產品能占國際市場的百分之幾，是它的文化產業結構在決定。」

文化是創意的基礎，而創意是進步的基礎，有進步國家才有未來。關於如何分配公共財，如何規畫文化願景、制定相關文化政策，在此有幾項說明：

要保護古蹟，不能只靠市民的公德心，要創造誘因（經濟誘因）。比如說開放觀光，讓古蹟周圍的居民能夠因為人潮的增加而賺到錢，那麼他們自然會努力地想要保護古蹟。本來以為，從一○一大樓望下去，大概會看到全世界最醜陋的城市景觀，因為放眼望去，全都是生鏽的鐵皮屋，顏色灰暗的水泥叢林。但是讀了旅遊作家黃芳田的希臘遊記，其中有張照片是由山頂俯瞰雅典城，天呀！雜亂無章的程度簡直勝過三重埔。但是，為什麼雅典那麼多神廟能保存數千年？城市居民還願意自動自發地修補維護呢？答案就是每年上千萬的觀光人潮，讓市民荷包滿滿。如果你膽敢從神廟裡撿塊大理石回家，就準備被憤怒的希臘大嬸抓進警察局吧！

要培養市民藝術風氣，深植美學素養。想要像國外的蘇活區那樣到處有街頭藝人，卻又不想他們製造髒亂、表演低俗的話，不必要稽查開罰單或證照審查，因為審查就可能有舞弊，而且還有歧視的問題，某些非主流的藝術形式或藝術家，會因為和某些人的「利益不一致」而遭到排擠，這在經濟學上稱為「貝克歧視」。要消除這一類的歧視，最重要的是排除市場障礙，引進競爭機制。只要把公共廣場打掃乾淨，分租抽稅，然後相信市民的品味（前面不是說過，審美能力是與生俱來的）。表演好的人可以吸引到比較多觀眾，賺到比較多錢；而表演差勁又衣著邋遢的人，自然會被市場淘汰。

這樣的思維方式，可以將公部門的預算做更有效的運用，甚至還能賺錢！美是一門好生意！要相信，不要怕。

由於具有雜色團隊的特性，美學經濟產業的成功需要多方面的人才、技術與觀念整合，才有機會成功。然而，這些不同領域的人才卻鮮少有機會能夠互相認識、了解，甚至更進一步合作。我們常常看見抱著暢銷小說的作者找不到電影導演；抱著超棒劇本的電影導演找不到願意投資的金主；抱著大把鈔票的金主找不到滿腦子創新科技的創業家；創業家找不到其他的創意團隊……這類問題不是任何一個從業人員能夠解決的。這種「平台」性的基礎建設工作，才是政府公部門可以著力的地

美國經濟學家蓋瑞．貝克（Gary Stanley Becker）在其名著《歧視經濟學》中提出歧視經濟，並指出：歧視他人者，不過是「為拒絕與某人或某個群體交易而承擔額外費用的蠢蛋」。

方。

如果你身為創業家，曾經抱著事業計畫書，一家一家打電話給創投公司，想辦法騙倒女助理好約老闆，然後再騎著摩托車一家一家去做簡報，面對創投經理人冷漠的眼光（他明明就在看股票機，根本沒在聽你說話），然後被無情地拒絕（事實上他們都會先說安慰的話，但這樣反而傷人更深），那你就明白這一種交易的成本有多高。不只是經濟性的成本（雙方所花的時間精力），甚至還包括永久性的創傷。村上隆在他的《藝術創業論》中，就花了很大的篇幅在述說這個創傷。

如果我們能夠有一個平台，不論是互動頻繁的論壇也好、固定時地的展演也好，或是常設的網站也好，讓所有的美學經濟從業者，包括創意人員、技術人員、管理人才、媒體、資金提供者、輔導單位等等，都有公開、公平而（交易）成本又低廉的環境來互相接觸，那不是很棒的事嗎？試想，若台灣首富想要拍電影，就可以在這個平台上公開徵求劇本；科技產業想要有更棒的工業設計，也可以在這個平台上公開徵求創意；金庸想把小說改編成線上遊戲，也大可在這個平台上徵求程式設計師；李安導演想拍《色戒》，也可以在這個平台上徵求大美女和大漢奸；甚至，政府想要什麼美學經濟輔導方案，也可以找到本書。總之，建立好市場，讓大家在公平的基礎上互相競爭，尋求合作，「生命自會找到出路」，美學經濟的未來，盡在其中！

競爭是很重要的。最鮮明的反例是，我們長期以來保護汽車工業，對所有的進口車都課徵高額稅率，使得BMW的車價是美國的兩倍以上。結果呢？幾十年後，國內汽車廠商還是做不出那顆充滿爆發力、十足動力美學的引擎。

法國也有類似的慘痛經驗，過度保障時裝等美學產業的結果，卻造成產業的過度依賴，以致成長停滯——二〇〇五年，中國廉價織品進入法國，使得法國時裝產業比起前幾年毫無增長，而中國製品的市場占有率卻提高了將近百分之四十。再重複一次張忠謀董事長的話：「政府該做的事是為企業打造良好的發展環境，不該做的是選擇產業贏家。」

中國著名演員張國立要求限制韓劇在中國播放，理由是：「中國在歷史上曾被入侵過，但文化上卻從未被奴役過，如果我們的電視台、我們的媒體，整天只知道播放韓劇，這跟漢奸有什麼區別？」台灣的演員也常做類似的呼籲，但這其實沒有道理，只要看看流行音樂的例子就可以明白，周杰倫從沒要求禁止外國歌手的專輯進口，但他不也照樣紅翻天。

有一則寓言故事說得好：老鷹媽媽得狠心把小鷹從懸崖上推下去，小鷹才會變老鷹。不過，在把小鷹推下去之前，得讓牠學會揮動翅膀，有充足的體力才成。

要扶植美學經濟產業，教育是很重要的，而這件事太複雜龐大，又注定只有效能不彰的政府才辦得來，艱鉅的程度難以想像。在此只點出兩個很明顯且重要的知識領域方向：第一、著名建築師兼美學教育家漢寶德老師曾經提出「藝術救國論」，他告訴我們美學教育有多麼重要，甚至影響到國家興亡；第二、基本經濟知能也很重要，尤其是個體經濟學。很多人常有誤解，以為不看股市，經濟學就和自己沒關係，或者以為每天看報紙財經版，懂得利率、匯率等等數據，就能了解經濟學，反而常常忽略經濟學的基本原理。即使是許多掌握國家社會前途的官員、文化學者，其實也根本不懂經濟學。就如諾貝爾經濟學獎大師傅利曼（Milton Friedman）所言，若是真懂了，就會「信仰」自由經濟：小政府、大市場、反對集權、崇尚自由。這正好是美學經濟的三個隱性價值，奢華、新奇、認同，滋養茁壯的肥沃糞土也。

市場經濟萬歲！看不見的手萬歲！政府啊，該你幫手的時候請幫手，幫完了請把手拿開。

拍電影的人常說，好萊塢財大氣粗，拍出來的電影如何如何商業化，缺乏藝術性等等。不管怎麼說，那口氣聽起來就是有點酸。其實，好萊塢也好、矽谷也好、蘇活區也好，都是產業經濟上所謂的「群聚效應」（Cluster Effect）的展現。台灣三十年前發展高科技，利用群聚效應在新竹得到了大大的成功，現在，台灣想發展兩倍價值的美學經濟，是不是要把成功經驗再複製一次呢？

然而，這並不代表「美學經濟園區」、「文化創意園區」的建設是好的主意。一來正如龍應台教授所說，水泥建設並沒有太大的意義，重要的是軟體；二來，搞這種建設計畫，弊端最多；三來，即使沒有弊端，但創意園區最後變成蚊子館的機率頗高。

資訊科技如此發達，把所有的美學經濟從業人員全放在同一個「園區」，一點都不必要。大師彼得・杜拉克認為，「只要讓知識可以瞬間傳播，多數組織的活動和市場仍會繼續維持原有的地方性質，這是因為網際網路會使世界各地的顧客，知道什麼地方會有什麼東西以什麼價格供應。」重要的是資訊的交換，消除因為資訊不均等所帶來的交易成本，相信在這一點上，政府有很多工作可以做。

再來看看鄰國的例子。無論在政治社會經濟文化各方面，南韓是和我們最相近的了。一九九七年的金融風暴後，他們提出「文化立國」的大戰略，先是制訂了激勵數位內容產業的「創新企業培育特別法」，然後有一連串的「文化產業發展五年計畫」、「文化產業前景二十一」、「文化產業發展推進計畫」、「文化產業促進法」等等，接著又成立了文化產業振興院、文化產業局、文化產業基金……。十年生聚，不用十年教訓，南韓已成為世界第五大文化產業大國，數位內容的產出高居全球第三。

對於這一點，龍應台教授並不認為文化「產業化」是南韓成功的祕訣，而是「民主化」。她引用韓國旅遊發展局局長的解釋：「文化產業有它的特殊性，不能按照人們認定的政策方向去發展。韓國依靠人的智慧、創意和努力，在文化內容上增加新的因素。上世紀六十年代韓國實現民主化的同時，也實現了工業化之後的文化產業化。民主化排除了對創作題材的制約，讓文化人放手去寫作、拍攝，產業化也確保了文化資本和人力，這樣韓國的文化產業才能闊步發展。」

其實，仔細推敲上面那段話，那不叫「民主化」，而是「自由化」。唯有創作者感受到了內心嚮往自由的召喚，並自由地發揮創意和想像力，才有創新可言。因此，美學經濟產業不只需要規則和計畫，更重要的是，它需要自由——公開公平公正的競爭環境，引進市場經濟概念，真正地把創意理解為自由經濟下的「商品」來刺激生產，做國際行銷，如此才會成功。

反過來說，若這塊土地上的創作者缺乏自由的市場機制，作品無法得到適當的經濟回報，那他們的選擇往往和大作家蕭伯納一樣：「我愛故鄉的方法很典型——那就是盡可能地趕快離開。」

在美學經濟中，鼓勵創新的誘因，比什麼都還重要。

雖然這裡的主張可能和龍教授不盡相同，但她的文章寫得真是有美感，在此就以其為本章下個總結：「文化是基礎國民教育，它奠定國民的品味教養。文化是生活，它決定我們眼睛所見、耳朵所聽、手所觸摸、心所思慮的整體環境的美醜。文化是經濟，它的產業所值——媒體、設計、建築、音樂、電影、電子、廣告、文學、體育、觀光旅遊……，早就是先進國家的經濟項目大宗。文化是外交，當政治協商觸礁、軍事行動不可的時候，文化是消弭敵意唯一的方法。尤其對於弱勢國家，文化可以是以柔克剛的軍隊、溫柔滲透的武器。文化更是一個國家的心靈和大腦，它的思想有多麼深厚、它的想像力有多麼活潑、創意有多麼燦爛奔放、它自我挑戰、自我超越的企圖心有多麼旺盛，徹底決定一個國家的真實國力和它的未來。」

Achieving in Aesthetic Economics

Chapter 6 作個美學經濟人

沒有一件事比詩的起頭更難，除非是它的結尾。

——拜倫，《唐璜》

其實，最後一章「作個美學經濟人」，是這整本書最早開始寫作的一段，而且是數年前就開始。但它卻是最困難、也最後完成的一章。我不禁想起了大詩人拜倫的名句，就用它來作為這個「結束的開始」。

如何作個美學經濟人呢？

遠古魚類要學著爬上陸地才能演進為哺乳動物；大熊想吃肥美的鮭魚就得學會潛水。享受成果都得經歷一番學習與掙扎，絕不是無痛的過程。

從經濟到美學或從美學到經濟，不也是這麼一回事嗎？前者的重點是教育自己，培養風格與品味；後者的重點是培養企業家的心態，學會把自己賣出去。這正是本章將要闡述的重點。

而最後，將以美學與經濟這兩門學問的交叉點，創新精神，來結束本書偉大的冒險旅程。

從經濟到美學：教育自己

所有的兒童都是藝術家；祕訣就是在你長大的時候繼續作個藝術家。
——畢卡索

從經濟的生活走入美學的生活，有幾件事很重要：**欣賞**、**學習**、**專業**、**自律**。

首先，你（也就是公民、消費者、觀眾）必須培養鑑賞力，懂得欣賞美的事物（商品與服務），而且還要懂得拒絕不夠美的事物。存在主義大師沙特說，我們是藉由過去的種種選擇來「發明」自己——你選擇的東西就代表你自己，你選擇了美的事物，在別人（和自己）眼中，你就是美的；反之亦然。

雅典神廟上有句銘文「認識你自己」（know thyself），這句話啟發了蘇格拉底，也啟發了我們。我們必須向內觀照，修養身心，建立起一套屬於自己的、具有風格的審美標準。一方面可以支援善善惡惡的選擇能力，一方面也可以作為溝通和推廣的工具。正如蒙田所說：「懂得如何生活，是我一生的志業與藝術的所在。」

白話一點來說，就是要夠內行，別只是看熱鬧趕流行，要看門道抓品味。要以

「揭破包裝過的庸俗品味」為榮。舉例來說，看到別人振振有詞地說粗話，還冠以通俗、本土化的包裝，就是你教育自己和下一代品味最好的機會；看料理東西軍、韓尚宮娘娘煮菜……門道是在「作膳食人的心意」，料理手法、食材選擇等等形而下的花樣，就不是那麼重要了。法國哲學家傅柯說得好：「美學的生活，就是把自己的身體、行為、感覺和激情，把自己不折不扣的存在，都變成一件藝術品。」

第二，不只欣賞，還要有學習的意願，而且更要實踐。事實上，能夠創造出美的事物而成為藝術家的人，往往都具有天賦，不見得每個人都能成。但如果一個國家裡，人人都用這個理由當藉口而不去學習美，那麼美學經濟將無法引發乘數效果，也不會有什麼產值。浮沙築城，不會成功。

美學經濟時代就是知識經濟時代。彼得・杜拉克大師提出三樣這個時代的特色：一、沒有疆界，因為知識的傳播比資金的流通還要容易；二、每個人都有成功機會，都能靠著唾手可得的教育資源力爭上游；三、成功和失敗的可能性相同，任何人都可以取得生產工具，也就是取得就業所需的知識，但不是每個人都能贏得勝利。知識會成為主要資源，知識工作者會成為主要的勞動力。

知識就是一切，而取得知識就得靠不斷的學習！

就個人而言，看見美的事物應該去追求、去學習、去起而效尤。日常生活上，要養成持續閱讀的習慣，讀多讀少無所謂，重點在於「持續」兩個字。知識的源頭有活水，涓滴可以成河。很多人常常說，工作好累、事情好忙，沒時間學習，那麼請聽聽影響現代文明至深至遠的生物學大師達爾文的感嘆：「一直到我三十歲前後，詩歌帶給我極大的愉悅。但如今，我是一行詩都讀不下去，我的心靈就像一台研磨機，忙著從一大堆收集來的數據中磨出一些共同法則。如果我能重新來過的話，我一定要立下一個規矩，每週讀詩、聽聽音樂。我失去了這些嗜好，就是失去了歡樂，而且對智慧也有損害，更可能破壞道德情操，這一切都是因為我們貶抑了人性本質的情緒。」

如果你也是拿忙碌當藉口的人，不妨回過頭來想想，只要少看點肥皂劇，少聽口水亂噴的談話節目，就會多出許多時間學習。我曾經輔導過一位成績低落的學生，我問他有沒有認真念書？他說有。再問他放學後都做些什麼？他說都在家念書，偶爾打電動。再問他電動都打多久？他說頂多兩三個小時。喔，那一週打幾次？他說頂多五次，週末一定不會打！

天啊，大家可以算一算，如果他把這些打怪檢寶的時間拿來讀書，現在搞不好就是全班第一名。還有人問說：「我每次讀書都覺得好累，翻沒兩頁就睡著了，怎麼辦？」那有什麼關係？真能幫助睡眠也是好事一樁！如果大家都對美的事物有學習意願，可以去聽聽音樂、看看畫展，不太花錢的話，可以買美一點的東西，把生活環境布置得美美的，自然就會造成風潮，也會進一步淘汰不良的風氣，提升生活的品味。柏拉圖認為，一個人若想探究美，「必須從年輕開始接觸美的形式，接受正確的引導」，才會愛上某一個「形式」。正如第一章曾經說過，美的形式無所謂高尚低俗，只要能真正觸發你心中的感動就行了。再沒審美細胞的人，都可以很容易分辨得出什麼是持久的感動，什麼只是一時爽快而已，因此，陽春白雪、下里巴人都無所謂，去學就是了。浸淫在美中夠久，自然會產生美麗的思想。隨後，大腦中的潛意識會自動把這些概念連結起來，幫著你聯想、察覺另一個美的形式，一個接著一個，你就會發現美的形式都是「同一」的，進一步建立起整個美的人生。

第三則是要專業。專業化其實有兩個意涵：一是專精於某種技術；二是敬業精神。前者意味著要成為一個藝術家，最低的要求是當個「稱職演出的人」，也就是現在流行說的達人，亦即專家、行家等等具備一流能力的人。套句日本影壇頂尖的配樂大師久石讓的話，就是要「每一次都能夠發揮高水準的能力」。而敬業精神則是現在的學習者普遍缺乏的——不管你選擇從事哪一行，要用生命去愛你所選擇的專業，不然做出來的東西一定是亂七八糟、缺乏美感。老師當久了有個好處，一眼就能看出哪些學生是在認真做作業，哪些學生只是隨便敷衍，對作業的「內容」沒有太用心。還記得嗎？美是和諧、舒適、具深意，草草完成的東西絕對不和諧，想要用花樣裝飾來掩蓋不用心的作品，成果絕對讓人看起來不舒適。沒有把生命放進去的作品又怎麼會具深意呢？大家可以仔細想想。

在日常生活中用審美的角度來思考，更可以提升自己的敬業精神。舉例來說，打開你中午買來的便當，和別人的比較看看，有的便當會把羹肉菜餚全往白飯上蓋，混成一團，讓人食慾全消；有的便當會飯歸飯、菜歸菜，肉塊方正、花色鮮豔讓人胃口大開。這和便當的價錢全無關係，而在用心所讓人產生的舒適感。走進理容院，有的師傅會把自己打扮得整整齊齊、漂漂亮亮，塗脂抹粉毫不馬虎；有的師傅則披頭散髮，器具亂放，還自以為是地說：「我要打扮的是客人，又不是自己。」這樣的話有說服力嗎？作老師也是一樣，滿口粗話，穿T恤拖鞋上課，學生又要怎麼認同你的專業能力呢？

好多年前，帶學生參加比賽，大家工作了近半年，不眠不休，到了最後一夜，作品是完成了，但是幾百頁的報告還有些細節沒照顧到，資料前後不一致。大家都累趴了，想說算了，評審老師不一定會發現，就這樣交出去吧！有個學生不放棄，硬是熬夜把它弄好，做完送裝訂，把報告弄得美美的才交出去……後來，到底得第幾名大家都忘了，只記得那位同學進醫院吊點滴——這就是專業化、敬業精神，只要學到這個，一輩吃穿不盡了。

不可諱言的，培養美的專業得面對許多現實困難。最基本的，在作品還沒有獲得別人的認同之前，你得先想辦法養活自己。要養活自己勢必就得做出妥協，面對上班、開會、應酬、應付上司、處理帳單等等瑣事，這時你要懂得無欲則剛，有捨才有得的道理。大師坎伯對藝術家、創作者的專業有一段忠告：「正常的情況下，也許許多年，在你的藝術與職業生涯，也就是你生命成就的活動領域中努力工作，但卻賺不到錢。但是你必須過日子，所以只好找份工作。比方說，你可以教別人你正在從事的藝術活動。因此，你可能有份教書的職務，也同時擁有神聖的空間和時間進行自己的創作。」這個看法最棒的地方，是把「創作」與「工作」分開了，也把「藝術」與「職業」分開了。你可以也應該同時過著神聖的生活與世俗的生活，兩者並不互斥。前文曾經談過「辯證發展關係」，許多看似二元對立的概念，其實都是相輔相成、互相激盪、互相證明，甚至彼此需要的。創作與工作、藝術與職業就是這麼一回事。

但是，一個人的生命是有限的，時間也是有限的，要怎麼選擇生命應該投注的焦點呢？坎伯的洞見撼人心弦：「……你在工作上的表現太好了，於是你的雇主要把你升遷到更高的職位。你必須要比以前投入更多心力在你的工作中。你的待遇更高，但你的新工作責任會花掉屬於你的自由時間。我的忠告是：不要接受升遷。不要接受任何賺得比基本生活開銷所需收入更多工作負擔的職務，因為你不是要在你的工作中成長，而是在你的藝術創作中。你隨時可以在校園中看到升遷的後果：你不斷升遷，一直升到行政工作的職位，然後它把你所有的一切都榨乾。藝術家所必須建立的結構，不是為社會服務，而是要發掘內在心靈的動力。」專業化的意涵不是叫你在無關重要的項目上去作文章，更不要把生命投注在會隨肉體消逝，你終無法帶走的事物上，比如權位財富，這些東西夠了也就好了，多了無用。在第四章中，我們也看到溫世仁先生生命的轉折，數十億的遺產會讓人懷念嗎？不，別人的錢可能更多。是他為別人所做的付出，為藝術所投注的心血，才讓人懷念。

第四則是要自律，這一項準則貫穿了前三個要素，也是前三者的基石。

美學經濟的技能包含理性知識（logos），也包括美學感性（pathos）。李仁芳教授這麼解釋，「所謂美學，一方面表現在高度不確定的風險和機會間，經理人透過追求『均衡』（equilibrium）與『和諧』（harmony）的精神自律、日新又新的企業再造，所表現出來的一種專業美感。」在自律的基礎上，人才能堅持自我的審美標準；在自律的基礎上，人才能持續不斷地努力學習；在自律的基礎上，人才能投入專業、昇華技術。

君子慎獨，自律的基礎是你必須樹立自己的原則，什麼該做、什麼不該做，有所為有所不為，清清楚楚，絕不馬虎。本書中，多次引用日本作者和作品的例子，就是想呈現一種很值得我們學習的自律精神，亦即「武士道」精神。舉例來說，村上春樹立下了每天跑步的原則，然後他就真的每天跑步，一跑三十年，跑到能參加馬拉松大賽（我們的總統也一樣，很棒）。做一件事很容易，但每天都做一件事，做一輩子，那就很難。這就是自律的堅持，所有成功者都有這種人格特質。

自律才能律人，才能影響別人。當老師的堅持要把每張投影片都做得美美的，學生就不敢交出亂七八糟的作業；當老闆的堅持員工福利一定要照顧到，員工就不敢在工作上混水摸魚；廠商堅持不二價，顧客就不會討價還價……我們在第四章看到王偉忠先生管理創意團隊的成功，祕訣就在於他的嚴以律己！

回到美學經濟的實踐：我們雖不富有，但寧可穿兩百元一件的 Giordano，也絕不穿仿冒的 Armani，這就是自律表現在欣賞上；我們雖然功課很多、工作很忙，但是每天睡前一定讀點書，小說、漫畫、笑話都無所謂，這就是自律表現在學習上；我們雖然技術還不純熟，能力有待加強，但是我們尊敬自己在做的工作，絕不推託馬虎、敷衍塞責，尤其是對於作品細節更加注意，魔鬼藏在細節裡，唯有把所有的細節都照顧到了，才能完成有靈魂的作品，這就是自律表現在專業上。

從美學到經濟：把自己賣出去

我忍受過許多風險，經歷過許多苦難，在海上或在戰場，不妨再加上這一次。

——荷馬，《奧德賽》

「藝術家通常都是言詞溫婉的人，所關心的是內在的景觀與意象。」心理大師羅洛・梅觀察到藝術家內在與外在的差異性，「然而這正是威權社會懼怕他們的主要原因。他們承載的是人類與生俱有的抗議能力。」

簡單地說，藝術家是內心剛強充滿想法，但外表柔弱，不擅於用不熟悉的形式來表達自我的人。除了極少數的天生好手以外，行銷自我是藝術家跨進美學經濟領域的一道障礙。因此，既然說「藝術家就是企業家」，所以你不只要創造美，還要學著如何把自己賣出去：

- 作品沒有**到達**消費者的心中，就仍未完成。行銷也是作品的一部分！
- 行銷不僅在於傳達美學價值，也能創造**兩倍價錢**。
- 行銷的**藝術**無他，重點在於**溝通**，就和你最熟悉的藝術形式一樣！

• 溝通的祕訣無他，要懂**得別人的語言**，尤其是客戶、消費者、投資者的語言。

所謂的暢銷，是將溝通做到「最大化」，讓最多人能夠認同你的理念，感受到你所傳達的價值。你或許不同意村上隆的藝術形式，但他的一段話值得聽聽：「作品的價值來自沒有實體的虛構。對於藝術作品的買方而言，他希望覺得這個藝術家『是由我所肯定的』……所以藝術家必須回應買方的心情。」這就是心理學常講的同理心，把自己擺到對方的立場去思考，是有效溝通的第一步，唯有如此，才能正確地傳達你的美學主張。

「要產生價值，注解比才能重要。」這句話有一定的正確性。最起碼我們知道，「注解」，也就是用消費者的語言來詮釋作品的理念，和「才能」，也就是創作的能力，是完全不同的能力，必須透過一定的學習與修練才能達成。在王偉忠先生和溫世仁先生的案例中，我們都可以發現這種把行銷和創作看得一樣重要，甚至把行銷看得比創作更重要的關鍵成功因素，值得再三思考其中的深意。

行銷自我主張是一門藝術，是可以學習的。大部分人的困擾在於，自己明明有想法卻不知道怎麼講，或者明明講了，聽的人卻不在乎，或者講了幾十次，還是沒人記得。我曾經做過一個小實驗，請五十個大學生輪流上台講三隻小豬的故事，結果你猜，有多少人能夠順利講完？

兩個。明明是大家都耳熟能詳的故事，但沒人講得好。有兩位自稱「黏力學家」的希思先生（Chip Heath, Dan Heath）為我們歸納出六個原則，讓人一聽到你說的話就能夠記住，記住就忘不了（他們稱之為「黏住」），在此為大家簡短說明如下：

第一、簡單：先把你的主張中枝枝節節的部分全刪掉，只留核心。記得「少就是多」！拿三隻小豬當例子，別從「很久很久以前，在一個山坡上」講起，直接講「三隻小豬是兄弟：大哥是懶小豬、二哥是笨小豬、小弟是聰明豬」。其次，運用別人在讀者心裡已經建好的印象（或集體潛意識），把自己的主張搭上去，就可以省掉很多說明的工夫，讓內容變得更簡潔。記不記得第二章那個史上最短的武俠小說？

第二、意外：反直覺而行。舉例來說，武俠小說裡的大俠都是風流倜儻、武功高強、正氣凜然……但我寫過一部武俠小說，裡面的大俠是不識字且跳八家將的流氓。也可以利用「驚奇」來吸引注意力，你有沒注意到，現在的○○七電影一開場一定先爆破，先上床了再說？

第三、具體：人是猴子變來的，腦袋是用來記憶具體形象（香蕉、花豹、母猴子），而不是抽象事實（一根香蕉含五百大卡的熱量）。再以三隻小豬為例，你最好不要說：「人如果又懶又笨，是無法在社會上立足的。」應該說：「笨小豬和懶小豬最後都被大野狼吃掉了。」

第四、可信：這就是本書為何引用這麼多大師說法的原因，讀者沒有理由相信一個又矮又胖的鄉下老師談美學經濟吧？另一個建立信用的作法是，讓聽者反問自己（人比較不會懷疑自己），最棒的例子是選舉時反對黨問民眾：「你現在有沒有過得比四年前更好？」

第五、情緒：經濟學雖然總是假設人是理性的，但在現實生活中，人卻往往用感性處事。這就給了我們運用別人的情緒（同情心、正義感、國族認同……）來遂行自己主張的機會。還記得《色戒》裡的「中國不能亡」嗎？

第六、故事：很諷刺的，小說賣得比教科書好，自遠古以來，人類就是利用故事來傳播知識，沒有人喜歡聽道理，大家都想聽故事。如果閱聽者能夠模擬故事中的情境，感覺有如身歷其境，印象當然深刻。至於說故事，又是另一門學問了。

行銷自己的原則講完了，接下來將談具體作法。紐約大學藝術系教授康斯坦絲・史密斯（Constance Smith）以數十年親身體驗，跟大眾分享如何從事藝術家這一行。有趣的是，她幾乎不談創作，重點全放在行銷。她提出讓客戶對你印象深刻、死心塌地的幾種方法，可以作為我們學習的開始：

一、服務：服務本來就是美學經濟的要素之一，沒有服務他人的心態，很難踏入這一行。甚至，多提供些額外服務也無妨。比如說，賣畫時順便提供一下室內擺設的建議；賣汽車時，順道附帶保固和清潔等等。總之，多關心你的客户準沒錯。

二、讓客户主動注意到你的存在：建立人際網絡，多和別人交換名片，主動介紹自己，不要害怕說出「我是藝術家」，但記得補上一句「也是企業家」。現在網際網路很方便，你也可以建立部落格，努力將你的藝術說給別人聽。也可以常參加展演、比賽，全力以赴，用盡所有合乎規則的手段幫自己敲鑼打鼓。

三、讓客户更方便向你購買：在企畫書、標籤上把價錢寫清楚，而且聲明不二價，降低作品的不透明性。不要和客户討價還價，徒增談判的成本，而且不要讓客户冒著大太陽出門去匯款，降低交易的障礙。凡事妥善安排，多在幾個地方放上你的簡介，讓客户想買時，真的找得到你。

你看，真正厲害的大師講話不打高空，簡單、具體、可信，就看你是不是能身體力行了。

美學經濟不是新鮮事，但卻在嶄新的時代以嶄新的面貌展現其魅力，並帶來相對應的挑戰。或許心態的改變、觀念的溝通，會是其中最困難的。對自詡為藝術家的人來說，本節開始所引史詩的話，務必記住。

創新精神

> 創造，也可以指舞蹈中跳錯的那一步，石頭上鑿壞的那一鑿子。動作的成功與否不是主要的。這種努力在你看來徒勞無益，這是由於你鼻子湊得太近的緣故，你不妨往後退一步。站在遠處看這個城區的活動，看到是意氣風發的工作熱忱，再也不會注意有缺陷的動作。
>
> ——聖修伯里，《要塞》

二十一世紀是個什麼樣的世紀？答案眾說紛紜。各家說法中，唯一不變的是：它一定是個不斷變化的世紀。未來學大師托佛勒指出社會將有三個特性：一時性（transience）、新奇性（novelty）、多樣性（diversity），變化會來得又快又多又新奇。

變化會產生不確定性，對保守封閉的人來說，不確定性代表著風險，會阻擾他們的行動，而因為要快速地調整適應時空環境的變遷，社會就會發生經濟問題。反過來說，如果創業家具備創新的心態，也就是說把事業當成捕捉創新的機會，不確定性也可以創造出許多的好處。從熊彼得到杜拉克等經濟學家都認為，「動態不均衡是經濟唯一穩定的狀態；創造發明家的『創造性毀滅』是經濟的動力；以及新科技即使不是經濟變化唯一動力，也是經濟變化的主要動力。」

這也就是說，變化可以是一種限制，也可以是一種機會。危機就是轉機。

在人的生命中，這樣的限制不但無法避免，並且也是有價值的。還記得第一章談藝術創作的動機時，曾講到生命會消失，所以我們才會想要追求不朽、追求藝術、追求美？不同於一般人的想像，限制與自由也是一種辯證發展關係。羅洛・梅說道：「創造力本身就『要求』限制，有創造力的活動來自人類面對限制時所做的搏鬥。」正如作畫，畫紙的大小是一種限制，你必須把眼前的壯闊山河、大好風景濃縮進去；正如唱歌，高音是一種限制，你必須在聲帶所能發聲的範圍中，去展現歌唱的藝術；連諾貝爾文學家波赫士都認為，「自由詩體要比格律工整的古詩遠遠來得難寫。」限制從來就不是壞事，它提供了可表現、可比較的範圍，提供了形式。你能找到限制，就找到了自由，在這限制之中，你可以自由發揮，盡情展現。

變化是限制，創新就是自由。一般的研究中，創新常常被分為兩類：「產品創新」與「製程創新」。然而，最近有許多創業家是從策略層次來看創新，而不是停留在作業層次，他們從事業最基本的作為上去尋求創新，而不是先考慮產品創新或製程創新。好比二十幾年前台積電把大部分的ＩＣ製造業務，從整合元件製造商（IDM）轉移到獨立的晶圓廠，他們這麼做並沒有發明任何新的半導體產品，也沒有創新任何的半導體製程，但造就的成效卻很可觀。這類創新行為，我們稱之為商業模式創新（Business Model Innovation, BMI）。在美學經濟的時代中，商業模式創新尤為重要，因為美感價值的附加，往往與產品的主要功能無關（或相關程度低），而且也不涉及生產流程的變化。只是在設計伊始，放進了美感價值的因子，就產生了兩倍價值。

然而，在大部分的產業、大部分的時間中，大部分的新公司最後都會失敗，而且很少有新公司可以取代舊企業。新的商業模式並不一定就是成功的商業模式，創新為何會成功，其機制仍然不清楚。由於失敗個案的資料往往佚失，我們只能概略將失敗歸因為無法推出新的產品或服務，或無法建立組織的創新流程，但卻不易從失敗案例中得到經營的啟發。也有研究者試圖解釋商業模式創新如何獲得競爭優勢，以及進一步累積創業者的財富，獲取個人的成功。然而，最重要的是，不要忘記這是個變化的時代，沒有固定的、一成不變的規則可以保證成功，有時候你把所有的事都做對了，還是會失敗。彼得‧杜拉克這麼解釋：「事情就是需要時間……預期的事往往延後發生。對於新發明，我們總是低估了充分實現概念所需要的時間。事情就是需要時間，而且幾乎是比我們預期的時間來得長。」

要從事創新，最需要的是創業家（或創作者）的**創新精神**（Entrepreneurship），這裡所指的是，創新者在進行創新時，所具備的能力與心態。我們先來聽聽美學與經濟兩造的說法：

彼得‧杜拉克說：「夫婦倆在郊區開了一家墨西哥餐館，他們當然是冒了一點風險……但他們既沒有創造出一種新滿足，也沒有創造出新的消費者需求……然而，麥當勞沒有發明新東西……但是藉由思索顧客的價值……開創了新市場，這就是創新精神。」

再看看羅洛‧梅怎麼說：「藝術家是有能耐看到原創景觀的人。他們都擁有強勢的想像力，同時也具備一種充分發展的形式感，可以避免被帶進災難處境中。他們是邊境巡邏兵，走在我們大家前面，勇於探索未來。我們自然願意忍受他們特殊的行為模式以及無害的怪異性格，因為只要我們認真傾聽他們的心聲，就可以獲得面對未來更充分的準備。」

原來藝術與商業，美學與經濟，談到最根源的「創造」問題時，態度、看法居然差不多。創新精神顯然包含了熱情、想像、勇氣、冒險等等人格特質。司馬遼太郎特別指出：「人類就算長大成人了，內心依然擁有一個小孩，無論是談戀愛或是作曲、繪畫的時候——甚至是寫小說、做學問——都和這小孩息息相關。當我們在前往黑暗深淵之際，是由我們心中的大人部分來展開行動，但是，創造性的事物則由小孩子來負責。」也就是說，並不一定要是天才才能創作，才能帶給別人美的感動。我們每個人心中都有一些基本形式存在（也就是內在的小孩），發掘它！

坐而言不如起而行，動手最重要，有什麼覺得好玩有趣的，就去做，失敗不代表什麼。上創新管理課時我常對學生講：創業和戀愛一樣，都要趁年輕！因為，失戀是很痛苦沒錯，但年輕時失戀只要說聲：「祝你幸福！」還是有很多機會可以再找到另一個伴侶；年紀大了，失戀後再爬起來的機會就相對少了。創業也是一樣，雖然十次創業有九次失敗，但趁早重頭再來，總是有成功機會的！所以，孫中山先生二十來歲開始搞革命，就是這個道理。

機會稍縱即逝，一過永不再來。年輕人（是指心態）應該把握住每一次機會，不管事情再困難，先試了再說，失敗了再爬起來就好。或許有人會說，「我就是衰，怎麼做都不成功。」不如換個想法：幾十年後，當你坐在搖椅上，走不動了，還能跟孫子說：「阿公（阿嬤）也曾青春過！」不是很棒？我們在第一章曾經談過生命必朽，只有兩種東西可以打敗時間：其一是美，是藝術；其二是企業，是組織，可以超越個人的生命限制，永續經營。兩者若能兼得，就成就出美學經濟了，不是嗎？人生苦短，要把生命花在創造永恆價值的事物上。

創造本身就是充滿樂趣的，這種喜悅遠超過享受美食、穿華服趕派對、窩在網咖殺魔獸，甚至做愛做的事。「了解自己正在幫助塑造世界的結構，就會感到一種深刻的喜悅。」羅洛・梅這麼說：「創造的過程所表達的，就是這種對形式的熱情。它是對解體所做的搏鬥，要努力產生新型態的存有，由此帶來和諧與周全……會感覺一種微妙而強烈的喜悅——或者更好說是，一種溫和的忘我感覺。」

想像力比知識更重要。要永遠保持一顆赤子之心，那是熱情與想像力的泉源。在美學經濟的六芒星指引下，勇於向你自己的內心深處探索，找到你自己的「形式」，也就是你自己的商業經營模式，然後以無比的熱情和無所畏懼的勇氣，面對所有的挑戰，這就是屬於你自己的英雄旅程。

未來屬於那些相信美夢的人。

參考資料

- 大衛・艾克（David A. Aaker）、艾瑞克・喬幸斯瑟勒（Erich Joachimsthaler），《品牌領導》（*Brand Leadership*），天下文化：2002。
- 大衛・索羅斯比（David Throsby），《文化經濟學》（*Economics and Culture*），典藏藝術家庭：2003。
- 王偉忠，《歡迎大家收看》，天下文化：2007。
- 卡爾・榮格（Carl G. Jung），《人及其象徵：榮格思想精華的總結》（*Man and His symbols*），立緒文化：1999。
- 卡爾・夏培洛（Carl Shapiro）、海爾・韋瑞安（Hal R. Varian），《資訊經營法則》（*Information Rules*），時報文化：1999。
- 布魯諾・費萊（Bruno S. Frey），《當藝術遇上經濟——個案分析與文化政策》

（*Arts & Economics*），典藏藝術家庭，2003。

- 吉川英治（Yoshikawa Eiji），《宮本武藏》（*Miyamoto Musashi*），遠流出版，1998。
- 朱光潛，《文藝心理學》，漢湘文化，2003。
- 朱光潛，《談美》，寫作天下，2008。
- 行政院文化建設委員會，《藝術管理二十五講：表演藝術行政人員研討會暨研習活動實錄》，行政院文化建設委員會，1997。
- 村上隆（Murakami Takashi），《藝術創業論》，商周出版，2007。
- 村上春樹（Murakami Haruki），《聽風的歌》，時報文化，2001。
- 李仁芳，政大科管所——創新異類 Innovative Deviants, http://www.wretch.cc/blog/jflee。
- 克里斯．安德森（Chris Anderson），《長尾理論——打破80／20法則的新經濟學》（*The Long Tail*），天下文化，2006。
- 波赫士（Jorge Luis Borges），《波赫士談詩論藝》（*This Craft of Verse*），時報文

化：2001。

- 彼得．杜拉克（Peter F. Drucker），《下一個社會》（*Managing in the Next Society*），商周出版：2002。
- 彼得．杜拉克（Peter F. Drucker），《彼得．杜拉克的管理聖經》（*The Practice of Management*），遠流出版：2004。
- 彼得．杜拉克（Peter F. Drucker），《創新與創業精神》（*Innovation and Entrepreneurship*），臉譜出版：2005。
- 范正美，《經濟美學》，中國城市出版：2004。
- 施百俊，《事業模式創新之研究》，2003。
- 范伯倫（Thorstein Veblen），《有閒階級論》（*The Theory of the Leisure Class*），左岸文化：2007。
- 范德美（Vandermerwe Sandra），《價值行銷時代——知識經濟時代獲利關鍵》（*Customer Capitalism*），時報出版：2000。
- 威廉．立德威（William Lidwell）、克汀娜．荷登（Kritina Holden）、吉兒．巴

特勒（Jill Butler），《設計的法則》（*Universal Principles of Design*），原點出版：2008。

- 約翰・奈思比（John Naisbitt），《Mind Set! 奈思比十一個未來定見》（*MIND SET! Reset Your Thinking and See the Future*），天下文化：2006。
- 高行健，《論創作》，聯經出版：2008。
- 宮崎駿（Miyazaki Hayao），《宮崎駿出發點1979—1996》，台灣東販：2006。
- 麥可・沃夫（Michael J. Wolf），《無所不在——娛樂經濟大未來》，中國生產力中心：2000。
- 麥可・德托羅斯（Michael Dertouzos），《資訊新未來》（*What Will Be*），時報出版：1997。
- 許安琪，《整合行銷傳播引論》，學富文化：2001。
- 理查・考夫（Richard Caves），《文化創意產業：以契約達成藝術與商業的媒合》（*Creative Industries: Contracts Between Art and Commerce*），典藏藝術家庭：2003。

- 理查・萊亞德（Richard Layard），《快樂經濟學》（*Happiness: Lessons from a new science*），經濟新潮社：2006。
- 國家文化藝術基金會，《文化創意產業實務全書》，商周出版：2004。
- 莊淇銘，《啟創意・動商機》，宏範國際：2003。
- 康斯坦絲・史密斯（Constance Smith），《藝術家這一行：如何以藝術為職業的自修手冊》（*Art Marketing 101*），五觀藝術管理出版：2004。
- 陶德・陸伯特（Todd I. Lubart），《創意心理學——探索創意的運作機制，掌握影響創造力的因素》（*Psychologie de la Créativité*），遠流出版：2007。
- 張健豪、袁淑娟，《服務業管理》．揚智出版：2002。
- 湯瑪斯・戴文波特（Thomas H. Davenport）、約翰・貝克（John C. Beck），《注意力經濟——抓準企業新焦距》（*The Attention Economy*），天下文化：2002。
- 黃芳田，《追蹤奧德賽：尋覓希臘真面貌》，宏道文化：2004。
- 凱薩琳・貝斯特（Kathryn Best），《管理設計：創意獲利的關鍵競爭力》（*Design Management*），麥浩斯：2008。

- 溫世仁、莊琬華，《媒體的未來》，大塊文化：1999。
- 溫世仁，《溫世仁觀點：新經濟、新工作、新財富》，天下文化：2001。
- 路易士・海德（Lewis Hyde），《禮物的美學》（*The Gift*），商周出版：2008。
- 詹姆斯・喬伊斯（James Joyce），《青年藝術家的畫像》（*A Portrait of the Artist As a Young Man*），志文出版：2000。
- 詹偉雄，《美學的經濟：台灣社會變遷的60個微型觀察》，風格者：2005。
- 聖修伯里（Antoine de Saint-Exupery），《要塞》（*Citadelle*），圓神出版：2004。
- 賈德・戴蒙（Jared Diamond），《第三種猩猩——人類的身世及未來》（*The Third Chimpanzee : the evolution abd future of the human animal*），時報文化：2000。
- 維吉妮亞・帕斯楚（Virginia Postrel），《風格、美感、經濟學》（*The Substance of Style*），商智文化：2004。
- 潘蜜拉・丹席格（Pamela N. Danziger），《M型社會新奢華行銷學》（*Let Them Eat Cake: Marketing Luxury to the Masses–As well as the Classes*），臉譜出版：2007。
- 漢寶德，《漢寶德談美》，聯經出版：2004。

- 鄭秋霜，《好創意，更要好管理》，三采文化，2007。
- 黎智英，《我是黎智英》，商周出版，2007。
- 蔣勳，《美的覺醒》，遠流出版，2007。
- 龍應台，〈文化政策，為什麼？〉，中國時報，人間副刊，2008/5/12-14。
- 黛安・歐思本（Diane K. Osbon），《坎伯生活美學》（*A Joseph Campbell Companion: Reflections on the art of living*），立緒文化，2001。
- 薄僑平、黃經，《服務業管理》，永大書局，2001。
- 羅洛・梅（Rollo May），《創造的勇氣》（*The Courage to Create*），立緒文化，2001。
- Friedrich Hayek, *The Use of Knowledge in Society, American Economic Review,* XXXV, No. 4, 1945。

國家圖書館出版品預行編目資料

美學經濟密碼　施百俊 著
—初版—
台北市：商周出版：家庭傳媒城邦分公司發行；
2009（民 98）面： 公分 .
ISBN 978-986-6571-99-2（平裝）
1. 美學　2. 經濟學
180.16　　　　97024888

美學經濟密碼

作　　者／施百俊
企畫選書人／林宏濤
責 任 編 輯／陳玳妮
版　　權／林心紅
行 銷 業 務／李衍逸、黃崇華
總　編　輯／楊如玉
總　經　理／彭之琬
發　行　人／何飛鵬
法 律 顧 問／台英國際商務法律事務所　羅明通律師
出　　版／商周出版
城邦文化事業股份有限公司
台北市中山區民生東路二段141號9樓
電話：(02) 2500-7008 傳真：(02) 2500-7759
E-mail：bwp.service@cite.com.tw
發　　行／英屬蓋曼群島商家庭傳媒股份有限公司城邦分公司
台北市中山區民生東路二段141號2樓
書虫客服服務專線：02-25007718・02-25007719
24小時傳真服務：02-25001990・02-25001991
服務時間：週一至週五09:30-12:00・13:30-17:00
郵撥帳號：19863813　戶名：書虫股份有限公司
讀者服務信箱E-mail：service@readingclub.com.tw
城邦讀書花園　網址：www.cite.com.tw
香港發行所／城邦（香港）出版集團有限公司
香港灣仔駱克道193號東超商業中心1樓
Email：hkcite@biznetvigator.com
電話：(852) 25086231　傳真：(852) 25789337
馬新發行所／城邦（馬新）出版集團 Cite (M) Sdn. Bhd. (458372 U)
11, Jalan 30D/146, Desa Tasik, Sungai Besi,57000
Kuala Lumpur, Malaysia.
電話：(603) 9056 3833　傳真：(603) 9056 2833
封 面 設 計／化外設計
排　　版／藍天圖物宣字社
印　　刷／韋懋實業有限公司
總　經　銷／聯合發行股份有限公司　電話：(02) 29178022　傳真：(02) 29156275

2009年2月5日初版　　Printed in Taiwan
2017年3月15日初版4刷
定　　價　300元

ISBN 978-986-6571-99-2

商周出版

廣　告　回　函
北區郵政管理登記證
北臺字第000791號
郵資已付，免貼郵票

104台北市民生東路二段141號2樓

英屬蓋曼群島商家庭傳媒股份有限公司城邦分公司　　　收

▼

請沿虛線對摺，謝謝！

書號：BA9006　書名：美學經濟密碼

請於此處用膠水黏貼

商周出版

讀者回函卡

感謝您購買我們出版的書籍！請費心填寫此回函卡，我們將不定期寄上城邦集團最新的出版訊息。

不定期好禮相贈！
立即加入：商周出版
Facebook 粉絲團

姓名：＿＿＿＿＿＿＿＿＿＿ 性別：☐男 ☐女

生日：西元＿＿＿＿年＿＿＿＿月＿＿＿＿日

地址：＿＿＿＿＿＿＿＿＿＿

聯絡電話：＿＿＿＿＿＿＿＿ 傳真：＿＿＿＿＿＿＿＿

E-mail ：

學歷：☐ 1. 小學 ☐ 2. 國中 ☐ 3. 高中 ☐ 4. 大學 ☐ 5. 研究所以上

職業：☐ 1. 學生 ☐ 2. 軍公教 ☐ 3. 服務 ☐ 4. 金融 ☐ 5. 製造 ☐ 6. 資訊
☐ 7. 傳播 ☐ 8. 自由業 ☐ 9. 農漁牧 ☐ 10. 家管 ☐ 11. 退休
☐ 12. 其他＿＿＿＿＿＿＿＿

您從何種方式得知本書消息？

☐ 1. 書店 ☐ 2. 網路 ☐ 3. 報紙 ☐ 4. 雜誌 ☐ 5. 廣播 ☐ 6. 電視
☐ 7. 親友推薦 ☐ 8. 其他＿＿＿＿＿＿＿＿

您通常以何種方式購書？

☐ 1. 書店 ☐ 2. 網路 ☐ 3. 傳真訂購 ☐ 4. 郵局劃撥 ☐ 5. 其他＿＿＿＿

您喜歡閱讀那些類別的書籍？

☐ 1. 財經商業 ☐ 2. 自然科學 ☐ 3. 歷史 ☐ 4. 法律 ☐ 5. 文學
☐ 6. 休閒旅遊 ☐ 7. 小說 ☐ 8. 人物傳記 ☐ 9. 生活、勵志 ☐ 10. 其他

對我們的建議：＿＿＿＿＿＿＿＿＿＿

【為提供訂購、行銷、客戶管理或其他合於營業登記項目或章程所定業務之目的，城邦出版人集團（即英屬蓋曼群島商家庭傳媒（股）公司城邦分公司、城邦文化事業（股）公司），於本集團之營運期間及地區內，將以電郵、傳真、電話、簡訊、郵寄或其他公告方式利用您提供之資料（資料類別：C001、C002、C003、C011 等）。利用對象除本集團外，亦可能包括相關服務的協力機構。如您有依個資法第三條或其他需服務之處，得致電本公司客服中心電話 02-25007718 請求協助。相關資料如為非必要項目，不提供亦不影響您的權益。】

1.C001 辨識個人者：如消費者之姓名、地址、電話、電子郵件等資訊。
2.C002 辨識財務者：如信用卡或轉帳帳戶資訊。
3.C003 政府資料中之辨識者：如身分證字號或護照號碼（外國人）。
4.C011 個人描述：如性別、國籍、出生年月日。

請於此處用膠水黏貼